A Monsieur le Général CHATELAIN

Commandant l'Artillerie du 20ᵉ Corps d'Armée

Sous Metz

❖ ❖ ❖

8ᵉ RÉGIMENT D'ARTILLERIE

7ᵉ Batterie

PAR

Lucien LARCHER

CAPITAINE DE RÉSERVE

A L'ÉTAT-MAJOR DE L'ARTILLERIE

DU 20ᵉ CORPS D'ARMÉE

IMP. L. BERTRAND
NANCY

A Monsieur le Général CHATELAIN

Commandant l'Artillerie du 20ᵉ Corps d'Armée

❖

SOUS METZ

⚜ ⚜

8ᵉ Régiment d'Artillerie

7ᵉ Batterie

PAR

LUCIEN LARCHER

Capitaine de réserve à l'Etat-Major de l'Artillerie
du 20ᵉ Corps d'Armée

SOUS METZ

8ᵉ RÉGIMENT D'ARTILLERIE

7ᵉ Batterie

À LA 7e BATTERIE

DU 8e RÉGIMENT D'ARTILLERIE

En 1870, le 8e régiment d'artillerie a fourni à l'armée du Rhin six batteries. Les 5e, 7e et 8e formaient l'artillerie de la première division du 6e corps. La 12e faisait partie de l'artillerie de la 2e division du même corps. Les 6e et 9e comptaient à la réserve du 4e corps d'armée.

Au 6e corps, sous les ordres du maréchal Canrobert, la 7e a pris part, et une part glorieuse, aux batailles de Rézonville et de Saint-Privat. Sous Metz, elle a joué son rôle dans la plupart des combats.

J'ai voulu rappeler aux canonniers de la 7e batterie ce que leurs aînés avaient fait en 1870, le courage qu'ils ont déployé et les souffrances qu'ils ont endurées avec une abnégation et une discipline admirables.

Tous les faits que j'ai rapportés sont scrupuleusement exacts, car ils sont puisés aux rapports officiels.

J'ai respecté aussi les noms des officiers et sous-officiers.

Seulement, je les ai mis, sous forme de récit, dans la bouche du trompette, qui, par sa situation, est à même de voir et d'entendre ce qui se passe, mieux qu'aucun canonnier de la batterie.

Que mes jeunes camarades de 1910 comparent le matériel dont se servaient leurs aînés en 1870 avec l'artillerie
à tir rapide d'aujourd'hui, et ils auront confiance dans
l'avenir. Car je sais que leur esprit militaire est toujours le même que celui des canonniers de la 7ᵉ qui, il y
a quarante ans, se sont si bravement conduits à l'armée
du Rhin.

Lucien LARCHER.

*Capitaine de réserve à l'Etat-Major de l'Artillerie
du 20ᵉ Corps d'Armée.*

SOUS METZ

I.

Mes débuts au 8ᵉ régiment d'artillerie. — La 7ᵉ batterie

Je suis né à Pont-Saint-Vincent, dans le département de la Meurthe, en 1846. Mon père, Nicolas LEJIN, était vigneron, et comme il était sobre, rangé et économe, il aurait pu, quand arriva pour moi l'âge de la conscription, m'acheter un remplaçant.

Il est bon de rappeler qu'à cette époque, c'est-à-dire en 1868, tout Français âgé de vingt ans devait le service militaire pendant cinq ans, mais avec faculté de se faire remplacer, en achetant un ancien soldat qui, son temps de service obligatoire terminé, recommençait pour le compte d'un autre.

Mon père ne voulut pas m'exempter du service. Il avait servi dans l'artillerie et ne voyait rien au-dessus de cette arme d'élite. Je fus donc incorporé au 8ᵉ régiment d'artillerie, qui tenait garnison à La Fère.

J'avais une certaine instruction. Mon père m'avait poussé à la lecture, et le vieux maître d'école, me prenant en amitié, m'avait donné des leçons. Or, à cette époque, le nombre des illettrés était tellement con-

sidérable que je pouvais espérer des galons. Mon capitaine voulut, mes classes faites, me faire travailler pour
devenir brigadier; mais j'avais une autre ambition : je
voulais absolument être trompette.

Le soir, après la soupe, dans le hangar derrière les
écuries, je soufflais avec ardeur dans l'instrument de
mon voisin de lit, trompette en pied, et j'étais arrivé
rapidement à sonner correctement. Je fus donc inscrit
élève trompette. En mai 1870, j'obtins les galons tant
désirés et fus classé à la 7ᵉ batterie.

Après avoir parlé de moi, il est temps de parler du
régiment et des officiers.

Le 8ᵉ régiment était commandé, depuis le mois de
mai 1866, par le colonel Picot de Lapeyrouse. Le lieutenant-colonel s'appelait M. de Montluisant. Les chefs
d'escadron étaient MM. Heurtevent-Premer, Vignotti,
Chaumette, Perret et Galle.

A la 7ᵉ batterie, nous avions pour capitaine-comman-
dant M. Oster. C'était un officier instruit et expérimenté.
Ancien élève de l'Ecole Polytechnique, il était capitaine
depuis douze ans et n'avait que quarante-deux ans.

Le lieutenant en premier, M. Oehmichen, avait sept
ans de grade, et le lieutenant en second, M. Samin, qui
sortait des rangs, était un officier sévère qui connaissait admirablement son métier.

L'adjudant se nommait Beulac, et le maréchal des
logis-chef Muller. Presque tous les sous-officiers étaient
de vieux soldats, dont le bras gauche était barré par des
brisques, insignes des périodes de cinq ans faites au
service. Ils s'étaient battus en Crimée et en Italie, cam-
pagnes dont ils portaient les médailles commémorati-
ves, et ne demandaient qu'à recommencer.

Souvent les maréchaux des logis Taurau et Combarieu narraient aux canonniers de leurs pièces les péripéties de la bataille de Solférino, à laquelle ils avaient assisté, les mises en batterie en avant de la ferme de Casa-Morino par l'artillerie du duc de Magenta, et la formation de la batterie de quarante-deux pièces, sous le commandement du général Soleille, au 4ᵉ corps.

Et, au contact de ces vieux soldats hardis et disciplinés, les plus timides d'entre nous devenaient désireux de faire campagne et de se couvrir de gloire, sans penser aux chances qu'on avait de laisser sur le champ de bataille un bras ou une jambe, quand ce n'était pas la tête.

Pour moi, j'allais avoir deux ans de service. Je ne me déplaisais pas au régiment; mais j'avais laissé à Pont-Saint-Vincent une petite amie d'enfance, fille d'un de de nos voisins, à laquelle je pensais souvent parce qu'elle m'avait dit, lors de mon départ : « Tu peux compter sur moi; je te serai fidèle et je t'attendrai ». Mais la pensée de mon amie ne m'empêchait pas de rêver bataille et j'aurais été heureux de sonner à la tête du régiment victorieux.

En juin 1870, des bruits de guerre commencèrent à circuler.

Dans le petit café, sur les bords de l'Oise, où j'allais, le dimanche, boire une chope avec les Lorrains du régiment, je lus un journal. Il y était dit que la guerre était inévitable avec la Prusse, que l'honneur de la France était en jeu, et que l'Empereur Napoléon ne pouvait tolérer sur le trône d'Espagne un prince appartenant à une famille prussienne.

Naturellement, à la chambrée, on ne parlait plus que

guerre, mises en batterie, et anéantissement de l'ennemi.
Et comme je songeais qu'il était prudent, pour se mettre en campagne, d'avoir le porte-monnaie garni, j'écrivis à mon père pour lui demander de l'argent.

II

La Mobilisation

Le 15 juillet, à l'appel du matin, alors que nous étions
alignés dans la cour du quartier, les pieds dans nos
sabots et la musette de pansage en sautoir, nous vîmes
arriver le capitaine Oster, accompagné de ses deux lieutenants. Il fit former le cercle et s'exprima en ces termes : « Mes enfants, nous allons probablement entrer en
« campagne. Une révolution s'est produite en Espagne
« et la reine Isabelle a dû descendre de son trône. Les
« Prussiens veulent absolument mettre à sa place le
« prince Léopold de Hohenzollern, qui est parent du roi
« de Prusse et officier prussien. C'est un véritable défi
« jeté à l'Empereur et à la France. Si les Prussiens ne
« veulent pas entendre raison, il est probable que la
« guerre leur sera déclarée. Dans ce cas, nous aurons à
« combattre une armée solide, manœuvrière et discipli-
« née. Mais l'armée française a fait ses preuves, et nous
« triompherons des Prussiens comme nous avons triom-
« phé des Autrichiens. Pour moi, je sais que je peux
« compter sur la 7e, dont j'ai pu apprécier les officiers,
« sous-officiers et canonniers. Sur le centre, aligne-
« ment ! »

Ce fut tout; pensifs et silencieux, nous nous rendîmes
au pansage.

Le lendemain, 16 juillet, le régiment recevait communication d'une dépêche ministérielle datée de la veille, prescrivant de se mettre sur le pied de guerre.

Ce jour-là, j'étais de garde au poste de police, et je n'oublierai jamais l'animation qui régnait dans le quartier.

Les chevaux de l'agriculture arrivaient de toutes les directions et, les écuries n'étant pas assez vastes pour les contenir tous, il fallut en mettre à la corde dans la cour. Les officiers, tous présents, allaient de leur batterie à la salle des rapports, où le colonel de Lapeyrouse ne savait plus à qui répondre. J'entendais les capitaines-commandants se plaindre de ce que les magasins du régiment manquaient d'habillement, de campement, de linge et chaussures.

On alla à l'arsenal toucher le harnachement de mobilisation, mais au lieu de bricoles complètes, on obtint des harnais démontés, et bientôt il y en eut des monceaux devant les ateliers du maître sellier, qui devait en opérer le montage et le marquage.

Les chefs et les fourriers établissaient des situations qu'il fallait constamment modifier à cause de l'arrivée incessante d'hommes de la réserve et de chevaux de l'agriculture.

Les chefs de pièce criaient à qui mieux mieux et gourmandaient les canonniers trop lents, à leur gré, à obéir et à faire de multiples besognes.

Et c'étaient des allées et des venues sans fin. Les sous-officiers de semaine couraient à droite et à gauche pour essayer de répondre aux sonneries qui se succédaient sans interruption.

Heureusement, les jours qui suivirent furent un peu

plus calmes. Les batteries s'organisaient. Le matériel était rangé dans la cour et la 7ᵉ était prête à atteler ses 6 pièces de 4, ses 8 caissons et ses 4 voitures. Les hommes touchèrent leurs cartouches. Nous étions prêts à partir.

Le 19 juillet, le capitaine Oster nous apprit que la guerre était déclarée, ce que tout le monde attendait avec impatience. Il nous expliqua que la 7ᵉ formait, avec la 5ᵉ et la 8ᵉ, l'artillerie de la première division du 6ᵉ corps d'armée; que l'artillerie de cette division était commandée par le lieutenant-colonel de Montluisant et que le chef d'escadron Vignotti était commandant supérieur des batteries. Le capitaine appela notre attention sur la nécessité de ne pas confondre la division dans un corps d'armée, unité composée de deux brigades, avec la division d'artillerie comprenant trois batteries, ce qui, actuellement, est dénommé *groupe*.

Depuis le 15, j'attendais avec impatience l'argent que j'avais demandé à mon père, et je craignais bien de partir avant de l'avoir reçu. Le 23 juillet, le vaguémestre me remit enfin deux lettres dont je reconnus immédiatement l'écriture. Mon père m'envoyait un mandat-poste de cinquante francs et terminait sa missive par les lignes suivantes : « Fais courageusement ton devoir, tout « ton devoir. Quelles que soient les circonstances péni- « bles qui se présentent, ne te laisse jamais aller au « découragement et à la démoralisation. Aie confiance « dans tes chefs, sois discipliné et dis-toi bien que c'est « un grand honneur de porter les armes pour la défense « de son pays. »

La seconde lettre était de ma mère. L'excellente femme m'envoyait un mandat de vingt-cinq francs en

cachette de mon père et y joignait de longues recom-
mandations. Enfin, avec le mandat, je trouvai une fleu-
rette qui venait de ma petite amie et qui me fit autant
de plaisir que l'argent. Les deux lettres étaient datées
du 19 et m'arrivaient avec un retard de trois jours.

J'allai porter les deux mandats au vaguemestre pour
en toucher le montant, et je griffonnai vivement des remer-
ciements, à mes parents en leur promettant de leur
donner de mes nouvelles chaque fois que je le pourrais.
Il n'est pas correct qu'un jeune homme écrive à une
jeune fille; mais, vu la gravité des circonstances, je
pensai pouvoir manquer aux usages, et je mis à la poste
une autre missive à l'adresse de celle qui me tenait tant
au cœur.

Le départ devait avoir lieu le lendemain 24 à 6 heures
du matin. Tout était prêt. Le capitaine avait passé une
revue en tenue de campagne. Les selles étaient savam-
ment paquetées, les chevaux bien ferrés, le matériel soigneusement graissé, et il ne manquait plus que quelques
objets de campement que les magasins n'avaient pu nous
fournir.

Cette dernière nuit au quartier se passa presque tout
entière sans que nous puissions dormir. Le vieil artificier Suss nous raconta pour la vingtième fois la campagne d'Italie où il avait failli gagner la médaille militaire; il espérait bien, cette fois, réussir. Puis ce furent
des conversations particulières qui s'engagèrent entre
voisins de lit et se prolongèrent malgré la sonnerie
mélancolique de l'extinction des feux. Un énervement
manifeste régnait, et je ne dormais que depuis fort peu
de temps quand j'entendis sonner le réveil.

III.

Le départ. — Séjour au Camp de Châlons. — Revue passée par le Maréchal Canrobert.

Le 24 juillet, à 5 heures 1/2, les pièces étaient attelées et la batterie au complet, à l'effectif de 3 officiers, 110 sous-officiers et canonniers, 4 chevaux d'officiers et 120 chevaux de troupe, rompit le parc.

De cette première étape qui nous conduisait à Laon, j'ai gardé un souvenir aussi agréable que net. La 5ᵉ précédait la 7ᵉ et le commandant Vignotti marchait en tête, derrière les trompettes. C'était un dimanche. Le temps était superbe, et, malgré l'heure matinale, les habitants de La Fère étaient aux fenêtres pour assister à notre départ.

Des mouchoirs furent agités, des baisers envoyés.

Les 25 kilomètres qui séparent La Fère de Laon furent faits à une allure très calme, dans le but d'habituer les chevaux de l'agriculture aux harnais militaires. Et je me vois, comme si c'était hier, chevauchant *Camail*, mon cheval bai, vieux serviteur passé à la troupe après avoir été de longues années monture d'un lieutenant. J'étais sûr du brave animal, qui ne me laisserait pas en route. Malgré son âge, *Camail* ne butait pas, marchait un pas allongé, trottait sec et régulièrement, et, au besoin, fournissait encore un bon temps de galop sautant franchement les obstacles.

Je marchais botte à botte avec Grandidier, trompette à la 5ᵉ, lorrain comme moi. Il était enthousiasmé de prendre part à une guerre et ne parlait que de notre entrée à Berlin et de nos succès auprès des « Gretchen ».

Et on fumait sa pipe, pour reprendre l'embouchure dans la traversée des villages.

Dès 8 heures du matin, la chaleur était vive. Dans les champs, les paysans, sans souci du repos dominical, achevaient de fauciller les blés dorés et interrompaient un instant leur travail pour regarder défiler la colonne.

Enfin, à 10 heures, nous étions à Laon, où on nous fit former le parc dans la cour de la caserne. Les chevaux et les hommes furent logés en ville, et j'allai, avec la première pièce, installer mon cheval dans l'écurie de l'auberge du Cheval-Blanc.

Une surprise désagréable nous attendait. Malgré toutes les précautions prises, on s'aperçut, en dessellant, que cette première étape avait produit mauvais effet aux chevaux de l'agriculture. Les uns avaient déjà le poil usé au poitrail par le frottement du corps de bricole; les autres commençaient à se garroter ou à se blesser au passage des sangles. Dans l'après-midi, pendant le pansage, les lieutenants passèrent une revue minutieuse de chaque cheval, et on s'ingénia à remédier au mal en garnissant les harnais de peau de mouton ou de toile cirée. Il fallut aussi faire des fontaines dans la matelassure des selles. On lava les bosses avec du vinaigre et on les couvrit d'une éponge mouillée maintenue par un surfaix.

D'ailleurs, on sut, dès l'arrivée à Laon, que les batteries allaient séjourner dans cette ville en attendant des ordres et, de fait, on y resta jusqu'au 29 juillet. Le mardi 26, nous fûmes rejoints par la 8e batterie, capitaine commandant Flottes, et la division du commandant Vignotti se trouva au complet.

Ces cinq journées passées à Laon furent employées à

des marches d'entraînement, à l'ajustage et à la véri-
fication du harnachement, et à des instructions sur le
service en campagne qui, avec les corvées et le pansage,
nous prenaient tout notre temps.

Je logeais, avec deux canonniers de ma pièce, chez un
petit entrepreneur de charpente qui nous reçut fort bien
et n'eut que des bontés pour nous. Son service militaire
terminé dans un régiment de hussards, il avait voyagé
et travaillé notamment en Allemagne, à Munich et à
Stuttgard. Cet homme, d'une intelligence et d'une instruction au-dessus de la moyenne, ne nous cacha pas
ses inquiétudes au sujet du résultat de la campagne.
« Depuis longtemps, nous disait-il, la Prusse prépare
« cette guerre qu'elle voulait et qu'elle a su provoquer
« en nous laissant le rôle de provocateurs. L'armée alle-
« mande est supérieure en nombre à l'armée française
« et merveilleusement organisée. Elle est prête à envahir
« le territoire français, et admirablement renseignée par
« un système d'espionnage dont nous ne nous sommes
« pas le moins du monde méfiés. Je souhaite de tout
« mon cœur la victoire pour les armes françaises, mais
« soyez persuadés que vous aurez affaire à forte partie,
« et que la campagne qui s'ouvre sera plus dure et plus
« difficile que la guerre d'Italie. »

Enfin, le 28 juillet, le capitaine nous prévint que la
batterie partait le lendemain en chemin de fer pour le
camp de Châlons, où se réunissait le 6ᵉ corps d'armée,
sous le commandement du maréchal Canrobert, un de
nos plus brillants et de nos plus glorieux soldats d'Afrique. « C'est un grand honneur pour nous, dit le capi-
« taine Oster, de servir sous les ordres de celui qui s'est
« illustré à Mascara, à Tlemcen, à Sidi-Yacoub, à la

« Tafna, à Constantine où il a été blessé sur la brèche,
« à Zaatcha. En Crimée, le maréchal Canrobert a encore
« augmenté son bagage de gloire. C'est lui qui, à l'Alma,
« enfonça le centre de l'armée russe. C'est lui qui fut
« admirable à Eupatoria, à Inkermann et sauva l'armée
« anglaise d'un désastre certain. En Italie, le Maréchal
« contribua encore aux victoires de Magenta et de Solfé-
« rino. La chance qui l'a favorisé jusqu'ici ne l'aban-
« donnera pas. Le maréchal Canrobert s'illustrera en
« Allemagne comme il s'est illustré partout où il a com-
« battu. »

Le lendemain 29, la batterie se rendait à la gare où
elle procédait à son embarquement qui ne dura pas
moins de cinq heures. Et cependant l'entrain et la bonne
volonté ne faisaient pas défaut. Tous ceux qui ont fait
des exercices d'embarquement ont pu constater qu'un
embarquement en garnison qui ne doit pas être suivi
d'un départ réel, est toujours plus long que l'embarquement véritable. Les hommes qui savent que la manœuvre
a un intérêt direct et immédiat, qui sont désireux de
partir, de voir du nouveau, ont toujours plus d'énergie
et plus d'empressement.

Enfin, à 6 heures du soir, les pièces, caissons et
voitures étaient arrimés sur les trucs, les chevaux et les
hommes dans leurs wagons, et le train s'ébranlait. Nous
nous imaginions que le trajet devait être forcément
court; mais, chose incroyable, il ne dura pas moins de
dix heures. Un arrêt de plus d'une heure eut lieu à
Reims, pendant lequel les Rémois et Rémoises vinrent
nous apporter du vin et du tabac, au grand désespoir
de nos officiers qui craignaient les excès de boisson. Puis,
le train repartit, marchant à une allure très lente,

comme si la voie était en réparation. Fatigués par l'embarquement, les hommes finirent par s'assoupir et ne se réveillèrent qu'à 4 heures du matin, au moment où le train se trouva rangé devant le quai de Mourmelon. Le débarquement commença aussitôt.

Les trains qui nous suivaient, emportant les 5ᵉ et 8ᵉ batteries ne tardèrent pas à arriver. La division se rendit au camp où des tentes avaient été dressées d'avance pour nous recevoir.

La première division d'infanterie du 6ᵉ corps, sous les ordres du général Tixier, était installée au camp depuis le 23, et un régiment de la 2ᵉ division commandée par le général Bisson, depuis le 26. La 3ᵉ division, général Lafont de Villiers, se trouvait encore à Soissons et la 4ᵉ division, général Levassor-Sorval était restée à Paris. Il fallait donc laisser à toutes ces troupes le temps d'arriver et de se concentrer au camp avant que le corps d'armée put être envoyé à la frontière.

En attendant, on se mit à manœuvrer, et, chaque jour, eurent lieu des évolutions avec notre infanterie, sur ce terrain du camp, si moelleux qu'un séjour quelque peu prolongé aurait habitué nos chevaux à raser le tapis.

On ne tarda pas à s'apercevoir que les deux armes manquaient de l'habitude de combiner leurs efforts. Les fantassins passaient fréquemment devant nos batteries et auraient complètement paralysé notre tir. Nos officiers regrettèrent qu'en garnison on eût négligé ces manœuvres combinées qui constituaient une excellente préparation et n'avaient d'autre défaut que celui d'être tardives.

Deux conférences sur l'armée allemande furent faites aux officiers de notre division par M. Varloud, lieutenant en premier à la 5ᶜ batterie, et par M. Oehmichen, notre lieutenant en premier.

Le capitaine Oster profita du séjour au camp pour réclamer avec insistance aux magasins de campement un certain nombre d'objets qui nous manquaient : cordeaux de tentes-abris, moulins à café, flanelles, etc. Et, grâce à sa persévérance, il finit par les obtenir à la grande satisfaction de notre maréchal des logis chef Muller.

Le 29 juillet, nous vîmes dans une calèche la maréchale Canrobert, accompagnée de sa fille, charmante enfant de cinq ans, auxquelles le commandant d'Etat-Major Boussenard faisait les honneurs du camp. La Maréchale était une fort belle personne, grande, svelte, paraissant fort distinguée et en même temps très affable.

Le 31 juillet, qui était un dimanche, eut lieu une revue des troupes présentes au camp, passée par le maréchal. Dans la vaste plaine qui s'étend entre Mourmelon et le Quartier Impérial, étaient alignés les 4ᵉ et 10ᵉ de ligne formant la première brigade, sous les ordres du général Péchot, petit homme brun, vieux guerrier d'Afrique; les 12ᶜ et 100ᵉ et, à leur tête, le beau général Le Roy de Dais, élancé et élégant; puis, les 5ᵉ, 7ᵉ et 8ᵉ batteries du régiment. A notre gauche, le régiment seul arrivé de la 2ᵉ division commandée par le général Bisson, encore un soldat d'Afrique petit et trapu, comme le général Péchot. Ce régiment, le 9ᵉ de ligne, était suivi de la 12ᵉ batterie du 8ᵉ. Enfin, le 9ᵒ bataillon de chasseurs à pied qui était arrivé au camp le 28 juillet, venant d'Algérie. Plus loin, les autres divisions du corps d'armée.

J'eus, pour la première fois, l'occasion de voir de près le héros de Zaatcha, qui jouissait dans l'armée d'une juste réputation de bravoure et de bonté. De taille

moyenne, légèrement bedonnant, le commandant du
6° corps avait la figure large et carrée, accentuée en cou-
leurs, le front haut et découvert, avec des yeux particulièrement vifs et un regard franc et loyal qui me
frappa. Il avait les cheveux longs, dépassant de beaucoup le képi, contrairement au règlement, et de longues
moustaches soigneusement cirées. Le Maréchal portait
en sautoir le grand cordon de la Légion d'Honneur, et
montait vigoureusement un cob très solide. Il était suivi
de son chef d'Etat-Major, le général Henry, et de nombreux officiers. Le général Henry était un homme
superbe, grand, élancé, vigoureux, mais avait la réputation de s'emballer facilement et d'être très dur dans
ses observations.

Une revue de troupes si nombreuses est toujours un
spectacle imposant. Mais celle-là, plus que toutes celles
auxquelles j'ai assisté, m'a laissé un inoubliable souvenir. Le cadre du camp de Châlons, les circonstances,
la personnalité de celui qui nous passait en revue,
tout donnait à cette prise d'armes, une exceptionnelle
solennité, et je crus surprendre dans les yeux du Maréchal une certaine mélancolie, presque de la tristesse.
Etait-ce le spectacle de son corps d'armée incomplet
quinze jours après l'ordre de mobilisation ? Etait-ce un
secret pressentiment des événements qui allaient se produire ?

Le défilé fut superbe, irréprochable. Le Maréchal
adressa à nos généraux des paroles bienveillantes, serra
affectueusement la main au général Levassor-Sorval,
commandant la 4° division qui était, dit-on, son ami
intime, et, le soir, la gaîté des troupes se manifesta
bruyamment. Tous les cabarets de Mourmelon étaient

envahis par des soldats de toutes armes, buvant, riant et chantant, servis par des filles échevelées et peu farouches. Des sous-officiers chevronnés et médaillés racontaient force anecdotes sur le Maréchal. Il en est une que j'ai retenue : J'ai dit que le commandant du 6e corps portait les cheveux longs. Un jour, aux Tuileries, l'Impératrice lui dit en minaudant : « Monsieur le Maréchal, « vous donnez un mauvais exemple à vos soldats en ne « faisant pas couper vos cheveux à l'ordonnance. » — « Que votre Majesté m'excuse, répondit le Maréchal, « je ne puis toucher à mes cheveux, car ils appartien- « nent à l'Histoire. »

Pendant ce séjour au camp de Châlons, officiers, sous-officiers et troupe de l'armée furent indignés de l'attitude des Mobiles de six bataillons parisiens arrivés au camp quelques jours auparavant. Ces hommes, parfaitement indisciplinés, parcouraient les rues de Mourmelon dans une tenue honteuse, chantant, hurlant, vociférant, brisant tout dans les estaminets où ils pénétraient, maltraitant même les habitants.

Le bruit courait que le 6e corps allait être envoyé à Nancy. Mais les ordres à ce sujet n'arrivaient pas, et les premiers jours d'août furent employés, comme les derniers de juillet, à des manœuvres, des marches et des évolutions.

Le 5 août, arriva au camp la première brigade de la 3e division du corps d'armée, composée des 75e et 91e régiments, général Becquet de Sonnay; puis, le lendemain, la 2e brigade, 93e et 91e, général Colin. Ces régiments venaient de Soissons, par Reims.

Le 6 août, la première division était mise en route et s'embarquait en chemin de fer pour Nancy. Envoyé par

2

le capitaine porter un pli à la gare, j'appris qu'un train de troupes partait chaque deux heures. Déjà le 9e bataillon de chasseurs et le 4e de ligne avaient quitté le camp. Le 10e était sur le quai et le 12e arrivait à la gare au moment où je remontais au camp.

En arrivant à ma pièce, j'appris que nous partions le lendemain pour « le théâtre des opérations ». Cette nouvelle fut accueillie avec satisfaction par les batteries, chacun désirant voir du nouveau et étant suffisamment fixé sur les charmes du camp et de Mourmelon.

Le 7 août, on fut informé que nous emportions nos shakos à Nancy, mais que, de là, ils seraient expédiés à La Fère. Cette coiffure lourde et incommode, en même temps que disgracieuse, ne devait être regrettée par personne.

Ce matin-là, on embarquait à la gare de Mourmelon le régiment de la 2e division, et nous pensions que notre tour viendrait dans l'après-midi, quand on apprit que l'embarquement venait d'être suspendu et que les troupes envoyées à Nancy allaient être rappelées d'urgence. Ce fut dans les batteries une vive émotion. Les officiers allèrent aux nouvelles. A leur retour, le capitaine nous réunit pour nous donner les explications suivantes : « Je tiens à vous mettre au courant de ce qui « se passe. Les hommes ne doivent pas marcher sans « savoir où ils vont, ce qu'ils font et pourquoi ils le « font. D'ailleurs la vérité est toujours connue tôt ou « tard. Le maréchal Canrobert vient de recevoir du « maréchal de Mac-Mahon, commandant le Ier corps « d'armée, une dépêche datée de Saverne, à 4 heures du « matin, disant qu'il a été attaqué hier matin à « Froeschwiller et à Elsasshausen par des forces supé-

« rieures. Il a perdu la bataille et s'est mis en retraite
« dans la direction de Saverne. Le commandant du
« Ier corps demande des vivres et des munitions. Il n'y
« a pas lieu de s'inquiéter outre mesure de cet échec
« regrettable, à coup sûr, mais non irréparable. Une
« armée, une nation ne sont pas en péril parce qu'un
« de ses corps a été battu. C'est aux autres à prendre
« une revanche qui ne peut se faire attendre. »

On commenta cette nouvelle qui jeta parmi nous, non
seulement une vive surprise, mais une véritable stupeur.
Il n'entrait pas dans notre idée que l'armée française
put être battue, même partiellement. Et maintenant
qu'allait-on faire ? Sur quel point allait-on nous diriger?
Le 6e corps allait-il se porter au devant de l'ennemi,
arrêter sa poursuite et le repousser en recueillant le
1er corps ? L'Empereur avait évidemment son plan.

Le lendemain, on pensa bien que le 6e corps allait
encore rester quelque temps au camp, quand on vit
arriver le capitaine Faverot de Kerbrech, écuyer de
l'Empereur amenant une partie des équipages impé-
riaux.

Nous assistâmes à la rentrée au camp des régiments
qui revenaient de Nancy après y avoir fait un si court
séjour. Je pus causer avec un de mes camarades du
4e de ligne, Semer, fils d'un boulanger de Nancy, qui
me raconta son voyage dans la capitale des ducs de
Lorraine. Les chasseurs à pied avaient campé à la Pépi-
nière, superbe promenade créée par Stanislas, le 4e sur
le cours Léopold, et le 10e sur la place de Grève. Les
Nancéiens et Nancéiennes les avaient accueillis avec
beaucoup d'enthousiasme et leur avaient prodigué tabac
et cigares. Cet enthousiasme était rapidement tombé à

la nouvelle de la défaite du 1er corps et de la retraite, sur le camp de Châlons, des troupes qui en arrivaient.

Dès le 9 août, le bruit courut avec persistance que le 6e corps allait être transporté à Metz. Le Maréchal Canrobert, parti pour cette ville le 7, était rentré au camp le matin.

Enfin, le 10, le capitaine nous annonça officiellement que nous partions le lendemain pour Metz. Nous en fûmes d'autant plus satisfaits que les vivres devenaient rares au camp et que le sucre et café, denrées si appréciées par la troupe, faisaient défaut.

Le jeudi 11 août, les batteries s'embarquèrent dans l'ordre : 5e, 7e, 8e. La batterie commença son embarquement à 6 heures du soir, et cet embarquement se termina par une nuit noire, dans une gare insuffisamment éclairée. Je ne sais comment il ne se produisit pas d'accident. Il est vrai que nous commencions à avoir une certaine expérience de ce genre de manœuvre.

A 10 heures du soir, le train s'ébranlait pour aller rejoindre à Châlons la ligne de Paris à Nancy. La lenteur de la marche était telle qu'à 3 heures du matin, nous étions arrêtés à Vitry-le-François. L'arrêt se prolongeant, les canonniers commencèrent à s'inquiéter et à se livrer aux hypothèses les plus variées. Les uns parlaient d'un déraillement qui obstruait la voie. D'autres croyaient à une attaque de la cavalerie ennemie. Le reste de la nuit se passa à la gare de Vitry. Des marchands de comestibles réussirent, malgré les consignes, à vendre le long du train du pain et de la charcuterie, et on put se ravitailler.

A 11 heures du matin seulement, le train reprenait sa marche. A Commercy, nouvel arrêt. Cette fois, la proximité de l'ennemi devenait évidente, car on fit descendre les servants pour les poster, mousquetons chargés, sur les trucs autour des pièces

A Liverdun, le capitaine Oster fit demander télégraphiquement si la voie était libre, et sur la réponse affirmative qui ne tarda pas, le train continua jusqu'à Frouard, où s'embranche sur la ligne de Paris, la ligne de Metz.

La gare de Frouard était dans un inextricable désordre. Les employés allaient et venaient sans savoir où donner de la tête. Des trains pleins de traînards du corps du général de Failly étaient sur les voies de garage. Et, chose étrange, la gare n'était pas occupée militairement et se trouvait, par conséquent, exposée à une surprise de la cavalerie ennemie.

Là, des wagons occupés par de l'infanterie sont attachés à notre train, qui va sans encombre jusqu'à Metz, où il arrive le 13 août, à 6 heures du matin. Nous avions mis trente-trois heures pour aller de Mourmelon à Metz. Je n'ai pas besoin d'ajouter que nous étions courbaturés et que ce fut avec une légitime satisfaction qu'on entendit la sonnerie : « Canonniers, descendez ! ».

Rapidement, le débarquement s'opéra, et la batterie reçut l'ordre d'aller camper entre Montigny et Saint-Privat, au Sud de Metz, où elle retrouva les 5e et 8e batteries.

Dans la journée, je fus envoyé par le capitaine Oster porter un pli au capitaine Abord, commandant la 5e. C'est alors que je rencontrai mon camarade, le trompette Riston, qui me narra les péripéties du voyage de la 5e. A Frouard, quatre uhlans s'étant approchés du train avec une audace extraordinaire, essuyèrent le feu de la compagnie de sapeurs du Génie, qui faisait route avec la batterie. Deux chevaux furent tués et un uhlan fait prisonnier. « Il est bon, me dit Riston, de montrer « aux camarades comment les Prussiens sont faits ; « quand on veut avoir de bons chiens, il faut leur mon- « trer du gibier. » A Pont-à-Mousson, nouvelle appari- tion de deux pelotons de uhlans sur les hauteurs. Nou- veaux feux d'infanterie et fuite de l'ennemi.

En rentrant au camp, j'appris aussi que le maréchal Bazaine était à Borny, village à l'est de Metz, et que, sauf le 6e corps, l'armée française était à 5 ou 6 kilo- mètres de Metz sur les plateaux de Borny et de Sainte- Barbe, bien en avant des forts de Queuleu, de Bellecroix et de Saint-Julien. Tous ces renseignements furent donnés en ma présence par le capitaine Oster à ses deux lieute- nants. Ce qui résultait le plus clairement de tout cela, c'est que nous étions à proximité de l'ennemi; que celui- ci allait nous attaquer puisqu'il avait envahi notre terri- toire et qu'une bataille était imminente.

Le soir, la batterie recevait l'ordre d'être prête à lever le camp le lendemain matin à 4 heures 1/2 avec des vivres pour trois jours.

IV.

Journée du 14 Août

Le 14, qui était un dimanche, la batterie fut prête dès 4 heures. Les chevaux furent garnis et prêts à atteler, mais les ordres qu'on attendait n'arrivaient pas. Au lever du soleil, un brouillard épais et froid couvrait la plaine.

Le capitaine reçut l'ordre de faire rentrer à Metz sa réserve (1).

Cependant des cavaliers informèrent en passant le capitaine que les uhlans poussaient des reconnaissances sur la rive droite de la Seille jusque vers Frescaty.

Vers 11 heures, le brouillard était dissipé et nous étions toujours à la même place, quand arriva le lieutenant-colonel de Montluisant. C'était un bel officier, de haute stature, portant beau, avec ses cheveux roux qu'il portait longs ainsi que le faisait le maréchal Canrobert. Il avait la réputation d'un officier de grande valeur, mais paraissait un peu emphatique.

« J'ai chargé, dit-il au capitaine, le commandant « Vignotti de nous relier à gauche du côté de Queuleu « avec la 8e. Le capitaine Abord, avec la 5e, surveillera « la droite du côté de la Moselle en avant de Montigny, « la 7e reste au centre. »

Puis, le lieutenant-colonel donna au capitaine d'autres renseignements. Il lui apprit que, la veille au soir, l'Empereur avait abandonné le commandement en chef de l'armée au maréchal Bazaine, que toute l'armée allait passer sur la rive gauche de la Moselle et que ce mouvement serait commencé par les 2e et 4e corps. Le maréchal Canrobert avait son quartier général à l'Hôtel de l'Europe à Metz.

_____

(1) La batterie se fractionnait en batterie de combat, comprenant 6 pièces et 8 caissons, et réserve, analogue à l'échelon actuel. Pendant les marches et combats, les réserves des batteries divisionnaires étaient réunies aux voitures de munitions d'infanterie et de cavalerie pour former la réserve divisionnaire, commandée par un des capitaines en 2e des batteries, qui prenait ses ordres du commandant de l'artillerie de la division.

« Vous n'avez pas idée, dit le lieutenant-colonel, de
« l'aspect de la cour de l'hôtel que je dus traverser pour
« parler au maréchal. C'est un véritable champ de foire:
« des bagages, des chevaux, des ordonnances, des four-
« gons, des voitures de paysans. Et, circulant au milieu,
« des officiers de tous grades, des civils, des journalis-
« tes, sans parler des femmes honnêtes ou non. Et tout
« ce monde bavardait à qui mieux mieux et parlait avec
« assurance de choses qu'il ne connaissait pas. »

Le capitaine Oster proposa alors au commandant
Vignotti qui arrivait, de fractionner sa batterie et d'envoyer une section, sous les ordres de M. Oehmichen, en
observation à l'entrée du village du Sablon, pendant que
les deux autres sections se mettraient en batterie sur la
route de Magny à 700 mètres du pont du chemin de fer.
Le commandant approuva ces dispositions qui furent
immédiatement prises, Je demeurai avec le capitaine.

Jusqu'à la nuit on resta en batterie sans voir quoique
ce soit. Et pourtant, il n'était pas besoin de stimuler
notre attention suffisamment éveillée par l'idée de la
proximité de l'ennemi. La 8e avait changé de place vers
2 heures pour se porter non loin de nous, de l'autre côté
du chemin de fer, dans la direction du fort de Queuleu.
Dans l'après-midi. une fusillade très vive se fit entendre
dans la direction de l'Est, vers Borny.

Mais aucun ordre n'arriva. A 8 heures du soir, l'infanterie de notre division qui s'était portée à l'Est du chemin de fer, se repliait en arrière. Quant à la batterie, ce
ne fut qu'à 2 heures du matin que le commandant Vignotti
lui fit dire de se replier sur les glacis de la Citadelle.

V.

Journée du 15 Août

Le camp était dressé depuis peu de temps et nous étions plongés dans un sommeil profond quand l'ordre arriva de rejoindre la division vers Longeville d'où elle devait se diriger vers Mars-la-Tour. La batterie rompit le parc au petit jour et traversa Metz avec des peines infinies. Les voitures des convoyeurs occupaient les rues sur quatre de front. Marchant en tête de la batterie, j'ai une très grande difficulté à obtenir le passage. Des brutes répondent par des injures à nos justes observations. Le capitaine Oster est obligé de les menacer. Enfin, la colonne s'écoule, sort de la ville et franchit la Moselle. Au moment où nous arrivons à Longeville, des coups de canon se font entendre, partant de notre camp de la veille maintenant occupé par l'ennemi. Les grosses pièces du Mont Saint-Quentin répondent et nous voyons distinctement les obus éclater dans la prairie de Moulins sillonnée par les éclaireurs prussiens. Le village de Longeville est encombré comme l'étaient les rues de Metz. Les régiments de la division sont devant nous et nous apprenons que le premier obus des Allemands est venu tuer sur la route le colonel Ardant du Picq, du 10e de ligne. Nous sommes en colonne sur la route à la sortie du village quand retentissent les cris : « Place à l'Empereur ! ». Et nous voyons passer dans un tourbillon de poussière un landau contenant l'Empereur et le Prince Impérial. A la portière galope le général Tixier, suivi des officiers de l'état-major, des cent-gardes en tricorne et tunique

bleu de ciel, puis des chevaux de main et d'une file de
fourgons conduits par des cochers à livrée verte et or.

Tout cela galope à grande allure et nous double sans
qu'un vivat soit poussé. L'Empereur, qui avait passé la
nuit à Longeville dans la maison du colonel Henocque,
avait été réveillé par le canon.

Quelques instants après, revenait vers nous le lieutenant-colonel de Montluisant qui paraissait fort ému. « Je
« suis navré, dit-il au capitaine Oster et au lieutenant
« Oehmichen. Je viens de voir tuer devant moi le colonel
« Ardant du Picq. C'est épouvantable. Le colonel était
« au milieu de la route, assis sur un pliant, entouré du
« commandant Deschènes et de ses officiers. Au moment
« où je m'approchais pour le saluer, et comme il me
« disait bonjour, un obus allemand éclate aux pieds du
« colonel, le renverse en lui broyant les deux jambes,
« tue le capitaine Reboulet, et blesse très grièvement le
« commandant ainsi que le lieutenant Pone et 8 hommes.
« J'étais tellement près que l'explosion m'a couvert de
« poussière. Le colonel est perdu. Et l'Empereur ! Je l'ai
« vu de tout près. Il est dans un état complet de fatigue
« et de dépression. Ses traits sont fortement altérés. Cet
« homme doit souffrir horriblement. »

A 8 heures, la division se remit en route; mais, au lieu
de suivre la grande route de Verdun, prit par Sey, Lessy
et Chatel-Saint-Germain. La marche étaient lente et péni-
ble, interrompue par des à-coups dus à l'allongement de
la colonne. Enfin, vers midi, la batterie s'arrêta à la
ferme de Saint-Hubert, sur le côté droit de la grande
route que nous avions rejointe. Les trois batteries réunies, on donna l'avoine aux chevaux et les hommes purent
manger. Tous les officiers se groupèrent pour faire en

commun leur modeste repas, et la conversation roula sur
les événements du matin et la mort du colonel Ardant du
Picq. C'est ainsi que j'appris que la veille le combat que
nous avions entendu du côté de Borny avait été sérieux,
que les 3ᵉ et 4ᵉ corps avaient été attaqués vigoureusement
et que l'action s'était étendue de Colombey à Vantoux,
Ney et Nouilly. Le lieutenant-colonel annonça aussi que
le général Decaen, commandant le 3ᵉ corps était blessé
d'une balle dans le genou. Nos troupes, après une lutte
opiniâtre, étaient restées maîtresses de leurs positions et
le passage sur la rive gauche de la Moselle n'avait été
retardé que de quelques heures.

A deux heures, la marche fut reprise. Le commandant
Vignotti prévint qu'il nous quittait pour aller, avec la 8ᵉ,
appuyer une reconnaissance d'avant-garde de la première
brigade. Il nous semble alors que le combat va s'engager.
Des officiers d'état-major galopent. Mais la colonne marche toujours; on traverse le village de Gravelotte, puis,
deux kilomètres plus loin, nous voyons notre infanterie
déboîter à droite et se diriger sur Saint-Marcel. A 6 heures du soir, la division s'arrête et le bivouac s'établit.
Les trois batteries sont placées entre les bataillons du
4ᵉ d'infanterie dont celui de droite occupe Saint-Marcel,
face à l'Ouest. Nous avons aussi avec nous trois compagnies de soutien fournies par le 9ᵉ bataillon de chasseurs.
C'est en cet endroit que nous fûmes rejoints par la 12ᵉ batterie du régiment. Le capitaine Blondel qui la commandait, vint serrer la main à ses camarades et leur raconta
son odyssée depuis le départ de La Fère. Envoyée à
Metz, le 13 août, la 12ᵉ avait été embarquée dans un train
qui ne put dépasser Châlons, la ligne étant occupée par
l'ennemi. Il fallut rétrograder jusqu'à Reims pour aller,

par Mézières et Sedan à Thionville et enfin à Metz. Moins
bien partagée que les trois autres batteries, la 12ᵉ n'avait
touché depuis trois jours que deux rations de pain, sucre
et café, et les hommes jeûnaient depuis le matin de ce
15 août, jour de la fête de l'Empereur.

Un bivouac est vite installé et je ne crois pas qu'il
existe en Europe des soldats plus débrouillards que les
Français. De plus, nous étions à proximité du bois de
Saint-Marcel et des corvées y allèrent chercher du bois
et des branchages. Les canonniers firent la soupe, le café,
et chacun alla s'étendre sous sa tente abri, sauf les officiers dont les bagages, chargés le 13 au soir, n'avaient
pas rejoint. Heureusement, le temps était beau. Avec
quelques branches et des couvertures de cheval, j'aidai
l'ordonnance du capitaine Oster à construire un abri, et
à 9 heures, on dormait. Les chevaux fatigués, plutôt par
les à-coups que par la longueur de l'étape étaient calmes
et se reposaient sans songer à se donner des coups de
pied.

VI.

Journée du 16 Août. — Bataille de Rezonville. — La charge de la brigade Bredow.

A 3 heures du matin, je suis réveillé par le cri « Aux
armes ! » poussé de plusieurs côtés à la fois. En un clin
d'œil, tout le monde est sur pied ; on abat les tentes et
on commence à garnir les chevaux. Mais nos officiers
nous font suspendre cette opération, car nul coup de feu
ne se fait entendre, et rien, dans la plaine couverte de
brouillard, rien dans la nuit froide ne fait présumer une

attaque de l'ennemi. Bientôt, on redresse les tentes et on essaie d'achever la nuit qui a été troublée par le rêve d'un soldat ou l'hallucination d'un factionnaire. Mais le sommeil interrompu ne revient pas, et il nous est difficile de partager ce calme dont nos officiers nous donnent l'exemple. Le capitaine et les deux lieutenants se sont recouchés et se reposent sur la dure comme s'ils se trouvaient dans leur lit à La Fère.

Puis, le jour ne tarde pas à paraître; le brouillard va bientôt se dissiper. A notre gauche, le village de Rézonville s'estompe dans la buée et je commence à apercevoir devant moi le clocher de Vionville. Tout le monde est debout, et la toilette est vite faite, l'eau faisant défaut. Un coup de bouchon aux chevaux attendant avec impatience le fourrage qui ne vient pas. Un rapide repas composé d'une croûte de pain que je partage avec mon cheval *Camail*, et, ma selle paquetée, je retourne à proximité du capitaine. J'ai plus que du respect : de l'admiration pour cet officier dont le sang-froid me réconforte. Mes camarades et moi sentons qu'il est l'âme de la batterie. C'est lui qui pense pour tous, qui prévoit tout et toute la batterie, officiers, sous-officiers et canonniers, a en lui une confiance aveugle.

Bientôt, le commandant Vignotti vient lui parler : « Il « est inconcevable, dit-il, qu'on ne nous donne par d'or- « dres. Si, comme on le disait hier, on veut nous diriger « sur Verdun, que peut-on attendre ? » Et au même instant, dans le lointain, bien au delà de Vionville, on entend quelques coups de fusil isolés qui émanent des coureurs ennemis, ou leur sont destinés.

Enfin, à 8 heures 1/2, la division fait prévenir les batteries que la marche de l'armée est suspendue et que dès que les reconnaissances seront rentrées et qu'il sera certain que l'ennemi n'est pas en force à proximité, on pourra dresser de nouveau les tentes, le départ ne devant plus avoir lieu que dans l'après-midi, quand les 3ᵉ et 4ᵉ corps auront rejoint.

Tout annonçait donc une journée tranquille. Cependant, je crus m'apercevoir que le capitaine ne recevait la communication du commandant Vignotti qu'avec un certain scepticisme. « Si l'ennemi est encore loin, dit-il au lieu-« tenant Oehmichen, on devrait en profiter pour gagner « du terrain; mais il est inadmissible que les Prussiens « se contentent de nous suivre sans nous attaquer et, « pour mon compte, je serais bien surpris si, d'ici peu « de temps, nous n'avions pas du nouveau ».

A 9 heures du matin, nous attendions toujours. Le soleil était déjà chaud. Les hommes groupés autour des pièces causent gaiement et tout est calme quand de nombreux coups de fusil éclatent dans la direction du bourg de Flavigny, à notre gauche, au delà de la route de Verdun. Cette fusillade éveille l'attention générale et, entre nos pièces qui sont en batterie face à l'Ouest, nous cherchons à voir ce qui se passe. Mais un coup de canon, immédiatement suivi d'autres se fait entendre dans la direction de Vionville-Tronville. Dès le premier coup, le capitaine donne l'ordre de seller et de garnir. En quelques minutes, le camp est levé et on monte à cheval.

Le lieutenant-colonel arrivait. « Dès que vous serez « prêt, crie-t-il au commandant Vignotti qui se porte au « devant de lui, attelez et attendez-moi ». Et nous le voyons s'éloigner au galop dans la direction de la route pour gagner la crête.

Entre la route et la voie romaine qui longe le bois

Pierrot, la distance est d'environ 1.200 mètres. Vers le milieu de cet espace, se trouve un plateau dominant la route et le terrain dans la direction de l'ennemi. Nous vîmes bientôt le lieutenant-colonel installer sur cette crête la 5°, puis la 12° à droite de la 5° et un peu avant, et nous envoyer le commandant Vignotti, qui nous mit en batterie, la droite appuyée au bois. Ainsi placés, nous apercevions tous les plis de terrain en avant des deux autres batteries et une surprise n'était pas possible. Les instants étaient précieux. Devant nous, on voyait parmi les gerbes de blé et d'avoine, l'infanterie et la cavalerie prussiennes manœuvrant près du bois de Vionville, et à notre gauche, notre infanterie recevait les coups de l'artillerie allemande, installée près de la route. Déjà la 5° avait ouvert le feu au moment où nous mettions seulement en batterie. Le capitaine Oster fit pointer sur une colonne d'infanterie qui débouchait entre deux massifs boisés, au Nord et en arrière de Vionville. Nos premiers coups parurent heureux, mais cet objectif fut très fugitif, car, au 6° coup, il avait disparu.

A notre gauche, nous apercevions sur la crête la 12°, les pièces en échelon, à 30 mètres d'intervalle, l'aile droite effacée. La 5° avait adopté la même disposition et tirait sans relâche. Entre les deux batteries, se tenaient le lieutenant-colonel de Montluisant et le commandant Vignotti.

L'infanterie ennemie disparue, le capitaine fit pointer aussitôt sur des escadrons ennemis qui, à 1.800 mètres, traversaient notre champ de tir au galop. Malgré la difficulté de ce tir sur un but extrêmement mobile, nos coups parurent metre le désordre dans les rangs ennemis. Des chevaux galopèrent sans cavaliers, pendant que des hom-

mes démontés couraient dans la direction des bois. Puis,
elle aussi, cette cavalerie disparut.

Sans hésiter, le capitaine désigna comme nouvel objectif, à la distance de 2,200 mètres, l'artillerie qui était
installée au Nord-Ouest de Vionville, à la cote 297. Le
lieutenant Oehmichen, qui surveillait le champ de bataille
à la lorgnette, dit que nous avions en face de nous des
batteries à cheval. Très maître de lui, le capitaine, monté
sur *Marceau*, son grand cheval noir, commandait le feu
comme s'il eût été à la manœuvre au polygone de La
Fère. Nos pointeurs s'allongeaient sur l'affût sans se pres-
ser, et les coups partaient avec régularité.

Ici, je dois ouvrir une parenthèse, car j'ai oublié de
vous parler de nos projectiles. Nos obus de 4 — ainsi
nommés parce qu'ils pesaient 4 kilogrammes — étaient
armés d'une fusée à deux distances seulement, 1.200 et
2.800 mètres. Par conséquent, pour que le tir fût absolument efficace, il fallait avoir la chance de tirer sur un
but exactement placé soit à 1.200, soit à 2.800 mètres.
Et encore, la théorie intitulée : « Observations sur le service de l'artillerie en campagne », posait en principe
qu'on devait s'abstenir de tirer au delà de 2.000 mètres.

Notre matériel était donc bien inférieur à celui des
Allemands, qui pouvaient régler leur fusée aux distances
intermédiaires.

Les obus ennemis qui, au début du combat, avaient
semblé tous destinés à la 5ᵉ et à la 12ᵉ, probablement
parce que ces deux batteries avaient ouvert le feu avant
nous, commencèrent à nous arriver. En même temps, le
feu de l'ennemi qui, d'abord, avait été très lent, prenait
une grande vivacité. Des obus éclatèrent devant nous,
puis d'autres assez loin derrière; mais un premier pro-

jectile arriva dans la batterie, et éclata entre la 2ᵉ et la 3ᵉ pièce, sans d'ailleurs faire de mal. Le sol était meuble et l'obus s'enfonça avant d'éclater, de sorte que l'explosion projeta beaucoup de terre sans blesser personne. Les hommes furent aussitôt rassurés, ce baptême du feu ne leur semblant plus bien dangereux. Quelques plaisanteries furent même faites assez haut pour que le capitaine les entendît. « J'exige, dit-il, un silence absolu. Les obser« vations des chefs de pièce doivent être faites à voix « basse ». Et comme les chutes de projectiles devenaient plus fréquentes, il commanda : « A bras, en avant ! » et fit encore augmenter les intervalles entre les pièces. Les coups de l'ennemi furent alors trop longs, mais quelques-uns vinrent encore tomber à hauteur des attelages.

Les deux batteries à notre gauche, 5ᵉ et 12ᵉ, qui attiraient plus que la 7ᵉ les coups de l'ennemi, semblaient souffrir bien davantage que nous. Le capitaine en 2ᵉ de la 5ᵉ, Dupuy, vint transmettre au capitaine Oster des instructions du lieutenant-colonel et lui apprit en même temps que le capitaine Abord avait reçu une balle dans la poitrine. La 5ᵉ avait perdu 4 hommes et comptait 21 blessés ; 30 chevaux étaient hors de combat. Presque au même instant, une explosion violente se produisait derrière nous en même temps qu'une gerbe de flammes. C'était le coffre d'avant-train de la 6ᵉ pièce qui sautait. Je n'oublierai jamais ce spectacle. Je verrai toujours le cheval du lieutenant Samin s'effondrer, entraînant son cavalier ; puis, les trois conducteurs de l'avant-train étendus sur le sol, dans une mare de sang. L'un d'eux, Rozoy, premier conducteur, avait une partie de la boîte crânienne enlevée et la matière cérébrale s'en échappait.

Je vois le sous-verge de devant, blessé à la cuisse, envoyant, avec des ruades terribles, des jets de sang.

Sur un signe du capitaine, je sautai à terre, remis mon cheval à un conducteur, et m'efforçai de relever le malheureux lieutenant étendu à terre, la jambe gauche engagée sous sa monture. Il était évanoui. Le capitaine continuait à commander le feu pour les cinq premières pièces. Les servants de la 6e soulevèrent avec bien du mal le cadavre du cheval et réussirent à dégager leur officier, dont la cuisse gauche était fortement entaillée par un éclat d'obus. « A vos postes ! » Telle fut la première parole de cet homme énergique quand il revint à lui. Sur ses indications, son ordonnance et moi le dépouillâmes de son dolman et lui ôtâmes sa chemise qui nous servit à lui faire un pansement dans le but d'arrêter le sang qui s'échappait abondamment de la blessure. Puis, avec précaution, nous adossâmes le lieutenant à une gerbe de blé, à quelques mètres en dehors de la batterie, espérant qu'un cacolet viendrait de notre côté et qu'on pourrait transporter le blessé dans une ambulance.

Pendant toute cette scène, j'avais vu le commandant Vignotti s'éloigner au galop. Il était allé, sur l'ordre du lieutenant-colonel, demander des renforts. D'autres batteries étaient venues de l'arrière s'intercaler entre les nôtres. A la gauche de la 7e se trouvait maintenant une batterie du 14e, puis, au delà de la 5e, d'autres batteries encore que, de notre extrémité de la ligne, nous ne pouvions voir, mais dont nous entendions le feu des plus nourris.

Il pouvait être à ce moment midi et demi. Tout entiers à notre lutte avec l'artillerie ennemie, il nous était impossible de saisir ce qui se passait sur les autres points du vaste champ de bataille. De tous côtés, la canonnade et la mousqueterie faisaient un bruit assourdissant et continuel, une fumée épaisse couvrait le terrain, et je pus seulement constater que la lutte de l'infanterie, du côté de Flavigny, semblait se rapprocher de nous.

Peu après, derrière nos batteries, vers l'Est du bois Pierrot, à 1.000 ou 1.500 mètres de nous, se fit un mouvement de cavalerie, et le capitaine Oster me donna l'ordre d'aller rapidement voir quelle était cette troupe. C'était un escadron du 2e chasseurs à cheval, qui vint se poster derrière nous, à une centaine de mètres. Le capitaine de cet escadron m'apprit que le maréchal Bazaine se tenait près de Rézonville. Quand je revins rendre compte au capitaine, deux batteries du 4e venaient de s'installer à notre droite et aussitôt ouvraient le feu.

A 1 heure, le feu de l'ennemi devenait de plus en plus vif. Mais presque tous les coups étaient longs et allaient tomber derrière nous, jusque dans les rangs de nos cavaliers. Nos munitions commençaient à devenir rares, et le capitaine avait dû ralentir son feu pour les économiser. Mais il était évident que nous avions pris sur l'artillerie ennemie la supériorité, car il nous semblait bien, sans pouvoir en être sûrs, que plusieurs batteries ennemies s'étaient retirées. De même, l'infanterie allemande, qui s'était déployée au Nord de Vionville, avait battu en retraite.

Tout à coup, vers deux heures et quelques minutes, le feu de l'artillerie allemande cesse. Que signifie ce silence succédant inopinément aux détonations continuelles dont nous sommes assourdis depuis 9 heures du matin ? Quelques instants se passent; le capitaine Oster a, lui aussi, suspendu son feu. Chacun regarde et fouille l'horizon quand, soudain, d'un ravin situé en face de nous, devant

le bois de Vionville, au Nord de ce village, surgit une
masse imposante de cavaliers qui, poussant de frénétiques
hourras, s'élance sur la gauche de notre ligne d'artillerie. Leur objectif principal est évidemment la 5ᵉ, qui s'est
portée en avant, et une autre batterie du 20ᵉ, que le commandant Vignotti a amenée et qui vient de venir se placer
devant elle, pour permettre à cette dernière, épuisée, de
se retirer. Nous voyons distinctement les flammes noires
et blanches des lances prussiennes. D'autres escadrons
sont composés de cuirassiers, dont les casques et les cui-
rasses scintillent au soleil. Mais tout ceci s'est passé en
un clin d'œil. La batterie ne peut plus ouvrir le feu sur
ces cavaliers qui enveloppent déjà les batteries amies.

Rapidement, la ligne allemande s'allonge vers sa gauche, c'est-à-dire en face de nous, et dans les intervalles
de nos pièces arrivent, comme l'ouragan, les uhlans et les
cuirassiers.

D'un coup d'éperon, j'ai serré mon cheval contre le
porteur de l'avant-train de la première pièce, devant
celui du capitaine Oster. Les servants se sont réfugiés
entre les roues. Je vois le lieutenant Oehmichen allonger
le bras et faire feu de son pistolet sur un uhlan courbé
sur l'encolure de son cheval. Le pointeur de la 2ᵉ pièce,
Frumoltz saisit un levier de pointage et le lance avec
tant d'à-propos dans les jambes d'un cheval de uhlan
que l'animal culbute. Son cavalier est projeté contre
l'adjudant Beulac, qui le cloue d'un coup de pointe. Près
de moi passe un officier, reconnaissable à une ceinture à
longues franges et à de lourdes torsades sur les épaules.
Je veux l'atteindre, mais je ne suis pas « à main », puisqu'il passe à gauche, et j'allonge vainement mon coup de
sabre. Son cheval blanc d'écume l'a emporté... Non. Un

coup de pistolet claque derrière moi. C'est le capitaine qui a tiré, et l'officier allemand s'affaisse sur sa selle, sa tête touchant la croupe. L'avalanche est passée. « Pièces, demi-tour à gauche, avant-trains et caissons derrière vos pièces ! », commande le capitaine. Et le mouvement s'exécute avec toute la rapidité possible. Le cheval du uhlan tué par l'adjudant s'est remis debout. Il est couronné jusqu'à l'os ; la sueur coule goutte à goutte de ses flancs qui battent précipitamment, et le pauvre animal suit les chevaux d'un avant-train.

Les cavaliers allemands sont déjà à 500 mètres de la batterie et tentent de se rallier, pendant qu'ils essuient le feu du 9ᵉ bataillon de chasseurs, qui nous sert de soutien. Nos servants chargent avec des boîtes à balles. Le capitaine va commander le feu, mais, cette fois encore, il n'en a pas le temps. De la corne du bois Pierrot, un régiment de cavalerie française se rue sur l'ennemi. Ce sont des dragons, et j'entends leurs cris mille fois répétés de « Chargez ! » C'est la brigade Murat, de la 3ᵉ division de cavalerie du général de Forton, qui s'était formée derrière le bois. A l'apparition presque subite des uhlans et des cuirassiers prussiens, les dragons bondissent. Je les vois pénétrer dans les escadrons épuisés et pointer dans le tas. C'est une mêlée indescriptible. Une partie des cavaliers allemands réussissent à se dégager et vont trouver le salut dans la fuite, quand ils se heurtent à la brigade de Grammont, dont les cuirassiers vont achever l'ouvrage des dragons de Murat. Fascinés par ce spectacle inoubliable, et momentanément impuissants, nous regardons les lattes de nos cavaliers pointer sans relâche et le nombre des ennemis diminuer à vue d'œil, aux cris de : « Vive l'Empereur ! », poussés par nos cavaliers. Et

c'est une épouvantable boucherie. Le terrain est couvert
de cadavres. Les czapska en cuir verni jonchent le sol,
pêle-mêle avec les casques d'acier des cuirassiers prussiens. Des chevaux couverts d'écume, fourbus, épuisés,
restent immobiles, tremblant sur leurs membres, les
étriers vides et les rênes pendantes.

Quelques années après la guerre, quand je voulus par-
courir le champ de bataille du 16 août, je m'arrêtai
devant le monument élevé à la mémoire du 16ᵉ uhlans et
du 7ᵉ cuirassiers, à l'endroit où ces deux régiments
avaient été décimés, et j'y lus les chiffres officiels des pertes éprouvées par la brigade Bredow : sur un effectif de
800 cavaliers, les Allemands avaient perdu 16 officiers,
363 hommes et 409 chevaux. C'est cette charge célèbre
que les Allemands ont nommée *Todtenritt*, chevauchée de
la mort.

Après la charge, les batteries qui garnissaient la crête
et avaient été si éprouvées, se retirèrent presque toutes.
La 5ᵉ, qui avait 26 hommes et 36 chevaux hors de combat, s'éloigna dans la direction du village de Gravelotte,
pour se réorganiser au moyen de sa réserve. Le commandant Vignotti vint donner l'ordre au capitaine Oster de
se porter avec la 7ᵉ à la place qu'occupait précédemment
la 5ᵉ, et c'est dans cette position que nous épuisâmes
ce qui nous restait de munitions, en tirant sur l'artillerie
allemande, qui avait recommencé un tir très vif, mais
mal dirigé, et qui ne nous fit que peu de mal. Les maréchaux des logis Debat et Castéran, le premier fortement
contusionné par un éclat d'obus, le second atteint par une
balle, ne voulurent pas quitter leur pièce.

Enfin, vers trois heures, on eut la joie de voir l'artillerie ennemie amener ses avant-trains et se former en

colonne sur la route pour se retirer vers Mars-la-Tour. Il
était temps; nos coffres étaient vides.

C'est pendant cette accalmie que je songeai au malaise
qui m'étreignait et dont je ne m'étais pas soucié jusqu'alors dans la fièvre du combat. Je m'aperçus que
j'avais faim, et surtout soif. Je n'avais rien mangé depuis
le matin et la chaleur était étouffante. Mais je n'avais ni
à manger ni à boire. Je suivis l'exemple du capitaine
Oster, qui bourrait une pipe, et je fumai avec une infinie
satisfaction.

Le champ de bataille était couvert de cadavres. Nos
pauvres camarades de la 5ᵉ, tués dans leur batterie,
n'avaient pas été enlevés. Les chevaux des attelages,
éventrés par les obus, gisaient au milieu de débris de
toutes sortes, de képis et d'armes brisées. Enfin, des
avant-trains de caissons avaient été abandonnés, faute
d'attelages pour les emmener. L'inventaire des coffres
trouvés fut vite fait. Ils étaient encore à moitié pleins.
Au même moment, le capitaine en 2ᵉ de Laroque ame-
nait des munitions de la réserve. On échangea nos coffres
vides contre d'autres coffres pleins, et la question munitions se trouva résolue. La batterie avait recueilli, après
la charge, plusieurs chevaux de cuirassiers allemands,
superbes animaux qui furent attelés sans trop de résistance, et la batterie se trouva reconstituée.

Le combat ne se rétablissait que lentement. Il était
visible que l'ennemi, comme nos troupes, était dans un
état de fatigue extrême. Cependant, l'artillerie allemande
commençait à reprendre ses anciennes positions, probablement ravitaillée, elle aussi. Le capitaine Oster jugea
le moment opportun pour aller reprendre la place que la
7ᵉ occupait le matin près de la Voie Romaine, au Sud-

Ouest du bois Pierrot, et la batterie s'y rendit, précédée
de la 5ᵉ batterie de mitrailleuses de la Garde, qui venait
nous soutenir. A peine étions-nous en batterie que le feu
de l'ennemi, suspendu pendant une heure, recommençait
et que nous devenions son objectif. Il était à ce moment
3 heures et demie. Mais ce tir, mal réglé, ne nous attei-
gnit pas et ne fit pas souffrir davantage les grenadiers
et voltigeurs de la Garde, qui étaient à notre droite. Nous
n'avions plus à faire qu'à deux batteries ennemies ins-
tallées à l'Est de Vionville. La canonnade était surtout
très vive entre les nombreuses batteries allemandes au
Sud de Flavigny, et nos batteries, placées entre la route
et la Maison-Blanche, au Sud de Rézonville.

A 7 heures, le feu de l'artillerie allemande s'éteignait,
et le capitaine cessait le sien. La 7ᵉ avait, dans cette
journée du 16 août, tiré 550 coups de canon !

La 12ᵉ, elle aussi, s'était tue, après avoir vigoureusement canonné de l'infanterie prussienne, s'avançant de
Vionville vers Rézonville, et avait réussi à la repousser.

Il nous fallait attendre des ordres. Nous étions sans
nouvelles de la 8ᵉ depuis que le commandant Vignotti nous
avait dit l'avoir laissée en avant de Saint-Marcel.

Nous fumions, couchés autour des pièces, quand, vers
le soir, la batterie fut envahie par des fantassins qui se
retiraient sans aucun ordre. Le lieutenant Oehmichen les
harangua, leur fit comprendre ce que leur conduite avait
de honteux, leur montra qu'ils ne couraient aucun danger et réussit à les reformer. Ces hommes se remirent en
ligne à côté de la batterie et eurent dès lors une attitude
très ferme.

Ce ne fut qu'à la nuit close que canonnade et fusillade
se calmèrent. On vint alors seulement nous donner

l'ordre d'aller camper près des bivouacs de la cavalerie, contre le village de Gravelotte. Notre division était restée vers Saint-Marcel.

Le parc formé, les hommes, quoique très fatigués, ne pouvaient songer immédiatement au repos. Il était temps de chercher à se nourrir et de donner aux chevaux les soins dont ils avaient le plus grand besoin. Les ruisseaux étaient à sec et on ne pouvait faire boire aux abreuvoirs de Gravelotte. Le village était encombré de voitures civiles et militaires, de chevaux de main, de bagages. Les fontaines étaient entourées de groupes compacts d'hommes, se bousculant et se querellant pour remplir leur bidon. Il fallut l'intervention d'officiers pour mettre un peu d'ordre dans l'accès des abreuvoirs, dont le faible débit ne pouvait suffire à pareille quantité de chevaux assoiffés. On dut conduire boire au ruisseau de la Mance, distant de 1.500 mètres, et, pour remplacer l'avoine qui manquait, les hommes furent chercher dans les champs des gerbes de blé.

Quant aux vivres, une distribution de viande eut lieu à minuit seulement. La soupe fut mangée à deux heures du matin, avec des pommes de terre à moitié mûres, arrachées dans les champs, et quelques rares légumes.

Mais nous ne sentions déjà plus la fatigue, nous étions vainqueurs et nous campions sur le terrain si vigoureusement défendu. Les Allemands s'étaient retirés vers le Sud, dans la direction de Gorze et du bois des Ognons. Au loin, le ciel était rougi par les incendies qui dévoraient Saint-Marcel, Vionville et Flavigny. Les paysans lorrains rapportaient au village les blessés qu'ils allaient chercher sur le champ de bataille, et auxquels ils prodiguaient les soins les plus empressés. Dans cette nuit

froide, qui succédait à une journée brûlante, retentis-
saient les refrains des régiments, sonnés par les clairons
pour rallier les isolés. Puis, les bruits se firent plus rares;
çà et là, quelques coups de fusil éclatèrent encore, tirés
par une sentinelle apeurée ou par un blessé cherchant à
attirer l'attention pour se faire relever, et, enfin, le silence
se fit. Vaincus par la fatigue, tous dormaient.

VII.

Journée du 17 Août

Le repos ne fut pas de longue durée. A 4 heures du
matin, le capitaine recevait du lieutenant-colonel de
Montluisant l'ordre de lever le camp et de se diriger vers
Vernéville, par le château de Villers. Mon cheval sellé,
pendant qu'on attelait, j'allai prendre ma place derrière
le capitaine Oster, qui causait avec le lieutenant Oehmichen. « Le lieutenant-colonel, disait le capitaine, vient de
« m'apprendre que la première division du 6ᵉ corps était
« chargée de couvrir, comme arrière-garde, la retraite
« du corps d'armée. Cette retraite est motivée par le
« désir du maréchal Bazaine de ravitailler l'armée sur
« le plateau de Plappeville. Il me semblait que nous
« devions, aujourd'hui, profiter de l'avantage de la jour-
« née d'hier pour prendre l'offensive. Et nous allons bat-
« tre en retraite ! » Le lieutenant Oehmichen eut un
vague geste des épaules et resta pensif.

A 4 heures 1/2, on rompt le parc et la batterie traverse
le champ de bataille de la veille pour se diriger vers le
château de Villers. Les morts ne sont pas enlevés ; à

l'endroit où la charge des uhlans et des cuirassiers a été prise en flanc par nos cavaliers, nous voyons des monceaux de cadavres. Devant la batterie marche l'infanterie du général Montaudon, commandant la première division du 3e corps, qui doit reprendre à Bagneux les sacs qu'elle y a laissés la veille.

A 8 heures, nous sommes à Vernéville et nous campons à l'ouest du village, La 8e arrive en même temps que nous, puis la 5e commandée par le capitaine en 2e Lethierry, le capitaine Abord ayant été obligé, par la blessure qu'il a reçue la veille, de rester à l'ambulance de Villers-aux-Bois. Quant à la 12e, elle a été laissée à la disposition du général Aymard qui forme l'arrière-garde, et ne rejoindra que plus tard.

Nous voyons arriver deux batteries de 12, 9e et 10e du 13e qui viennent d'être mises sous les ordres du lieutenant-colonel de Montluisant.

Une heure plus tard, la 12e arrive et c'est une satisfaction de nous retrouver réunis. Il nous semble, maintenant que 4 batteries du régiment sont ensemble, que nous sommes plus forts.

Nous assistons vers 11 heures à l'arrivée de la division Tixier qui vient s'installer au sud-ouest de Vernéville.

Je me souviens de la fureur du général Tixier, toujours le cigare aux lèvres, et des officiers d'infanterie qui se plaignaient du désordre dans lequel s'était opérée leur marche. Ils racontaient que les colonnes des 3e et 6e corps étant parties à la fois, les unes pour aller à Vernéville, les autres pour se diriger vers la ferme de Leipzig, s'étaient rencontrées, ce qui avait produit un enchevêtrement inextricable et avait sensiblement ralenti la marche.

Les camarades de la 12e batterie nous dirent que pour

et les deux officiers l'évaluèrent à 3.000 mètres. La batterie ouvrit aussitôt le feu sur cette infanterie sans paraître la gêner beaucoup. Mais à peine avait-on tiré quelques coups que nous voyons distinctement l'artillerie prussienne se mettre en batterie sur la lisière de la parcelle nord des bois de la Cusse et répondre immédiatement à nos coups. Il est vrai que les obus allemands étaient plutôt dirigés sur la ferme de Jérusalem que sur nous et dépassaient nos batteries. Le capitaine fit observer au commandant Vignotti que la distance était beaucoup trop grande pour que notre tir put être efficace et qu'il y avait lieu de ménager nos munitions, le ravitaillement pouvant être difficile. D'ailleurs, le tir des trois autres batteries emmenées par le lieutenant-colonel, 5°, 12° et 10 du 13° placées à notre gauche à mi-distance entre le village et la voie du chemin de fer, ne paraissait pas produire plus d'effet que le nôtre.

Il était environ 3 heures quand une colonne d'infanterie allemande s'avança en suivant la route d'Habonville à Sainte-Marie-aux-Chênes. Le capitaine fit faire à bras le mouvement de « batterie à gauche » et plaça les pièces perpendiculairement à leur première direction. Mais nos obus ordinaires étaient épuisés, et pour ne pas laisser échapper l'occasion qui s'offrait, le capitaine Oster fit tirer les obus à balles comme boulets pleins. Cependant cette expérience ne réussit pas, car il est évident que le tir à ricochets ou à boulets roulants ne pouvait convenir à des projectiles ogivaux. Nous voyons nos obus s'enfoncer dans le sol et perdre leur efficacité. Néanmoins, la colonne ennemi s'arrête, recule, avance de nouveau pour reculer encore. Nous tirons nos derniers projectiles quand nous apercevons la cavalerie allemande qui semble prête à nous charger. Le capitaine fait préparer les boîtes à balles et on se dispose à en faire un bon usage; mais la charge n'a pas lieu.

A ce moment, il était 3 heures 1/2. Sept batteries occupaient encore la crête : à notre droite, la 8ᵉ et une batterie du 10ᵉ; à notre gauche, la batterie de 12 du 13ᵉ, les 5ᵉ et 12ᵉ et une autre batterie. Mais leur tir était devenu très lent, presque nul, faute de munitions. C'est alors que le commandant Vignotti donna l'ordre à la 7ᵉ d'amener les avant-trains et d'aller se mettre en réserve, avec la 5ᵉ, sur la route de Briey en attendant les munitions qu'on avait fait demander au parc de Plappeville.

Le capitaine se rongeait les poings. Pour se convaincre lui-même, il répétait au lieutenant Oehmichen et à l'adjudant Beulac que les munitions ne pouvaient tarder à arriver; que, dès le matin, le maréchal Canrobert en avait fait demander par le lieutenant de Bellegarde qui avait été dépêché tout exprès au maréchal Bazaine.

Les caissons n'arrivent pas. Le village de Sainte-Marie-aux-Chênes est tombé au pouvoir des Allemands. Le commandant du 6ᵉ corps n'a plus d'artillerie, les coffres étant vides, à opposer à l'ennemi. La fusillade est furieuse, la bataille bat son plein et nous piétinons d'impatience, quand on voit arriver au trot sur la route de Plappeville montant un superbe pur-sang, un officier suivi de quatre caissons. C'est le capitaine de Chalus. Quatre caissons pour l'artillerie du corps d'armée !

« Que voulez-vous, dit le capitaine de Chalus au capi-
« taine Oster. Le lieutenant de Bellegarde envoyé le matin
« était revenu sans obtenir satisfaction. A 2 heures, je
« suis parti, à mon tour, porteur d'une lettre du com-
« mandant du 6ᵉ corps priant instamment le maréchal

4

confiants dans la puissance de nos pièces, nous comptons bien infliger à l'ennemi une nouvelle défaite.

Dès 6 heures, les régiments de la division mettent sac au dos et vont se placer par brigade sur deux lignes, la gauche à Roncourt, la droite à Saint-Privat, face à la forêt de Jaumont.

Une heure après, nous recevons l'ordre de lever le camp pour aller nous installer au nord de Saint-Privat où les tentes sont de nouveau dressées.

Le lieutenant-colonel de Montluisant était monté à cheval à 6 heures, probablement pour aller aux renseignements. Il revint nous retrouver au moment où nous venions de recamper.

Il réunit les officiers de ses batteries et leur exposa la situation sur la carte.

La position de l'armée était très solide; elle formait une ligne droite s'étendant de Sainte-Ruffine et Rozelieures au Sud, à Roncourt au Nord. Le 2ᵉ corps était à la gauche avec la ferme du Point-du-Jour comme appui; le 3ᵉ corps occupait le front Point-du-Jour-Montigny-la Grange, tenant le bois des Genivaux, la Folie, Leipzig et Moscou; le 4ᵉ corps allait de Montigny-la-Grange à Amanvillers, et notre 6ᵉ corps était à l'aile droite. Le maréchal Bazaine avait son quartier général à Plappeville.

En jetant un coup d'œil sur la carte, il était facile de voir que la gauche de l'armée était couverte par le ravin de la Mance. Toute surprise en arrière était rendue impossible par la présence du fort Saint-Quentin armé de grosses pièces.

Quant à la droite, nous avions une position superbe : le village de Saint-Privat qui dominait toute la plaine avec Amanvillers, Saint-Ail, Sainte-Marie-aux-Chênes et Roncourt. « Pour le moment, ajouta le lieutenant-colonel, « des reconnaissances de cavalerie sont parties et nous « fixeront prochainement sur la position de l'ennemi. » Et on attendit.

A partir de 11 heures, on vit arriver à Saint-Privat des officiers de cavalerie qui apportaient des renseignements au maréchal Canrobert. Le bruit courut que la vallée de l'Orne était envahie par les Allemands, que leurs éclaireurs avaient poussé jusqu'à Sainte-Marie-aux-Chênes et que des troupes prussiennes avec de l'artillerie s'avançaient vers Batilly.

A midi moins quelques minutes, un coup de canon se faisait entendre dans la direction de Vernéville, bientôt suivi de beaucoup d'autres. Le 4ᵉ corps était attaqué et la bataille commençait exactement de la même manière que celle de Rézonville l'avant-veille. Les chevaux étaient garnis. Les atteler fut l'affaire d'un instant. Le lieutenant-colonel nous laissa, ainsi que la 8ᵉ, au commandant Vignotti, pour être mis à la disposition du maréchal Canrobert, et il partit, de sa personne emmenant les 5ᵉ et 12ᵉ, ainsi qu'une des batteries de 12 du 13ᵉ régiment. Le commandant Vignotti fit mettre la 7ᵉ en batterie à quelques centaines de mètres au sud de Jérusalem, le dos tourné à la route de Briey. A notre droite, je vis le maréchal Canrobert lui-même guider deux batteries qu'il installa contre la route. Au-dessus et contre cette route, la 8ᵉ, à l'embranchement du chemin de terre qui vient de Saint-Ail.

A ce moment j'appelai l'attention du capitaine Oster sur une colonne d'infanterie ennemie que je vis déboucher d'Habonville. Le capitaine interrogea le lieutenant Oehmichen sur la distance qui pouvait nous en séparer, et les deux officiers l'évaluèrent à 3.000 mètres. La batterie ouvrit aussitôt le feu sur cette infanterie sans paraître la gêner beaucoup. Mais à peine avait-on tiré quelques coups que nous voyons distinctement l'artillerie prussienne se mettre en batterie sur la lisière de la parcelle nord des bois de la Cusse et répondre immédiatement à nos coups. Il est vrai que les obus allemands étaient plutôt dirigés sur la ferme de Jérusalem que sur nous et dépassaient nos batteries. Le capitaine fit observer au commandant Vignotti que la distance était beaucoup trop grande pour que notre tir put être efficace et qu'il y avait lieu de ménager nos munitions, le ravitaillement pouvant être difficile. D'ailleurs, le tir des trois autres batteries emmenées par le lieutenant-colonel, 5ᵉ, 12ᵉ et 10 du 13ᵉ placées à notre gauche à mi-distance entre le village et la voie du chemin de fer, ne paraissait pas produire plus d'effet que le nôtre.

Il était environ 3 heures quand une colonne d'infanterie allemande s'avança en suivant la route d'Habonville à Sainte-Marie-aux-Chênes. Le capitaine fit faire à bras le mouvement de « batterie à gauche » et plaça les pièces perpendiculairement à leur première direction. Mais nos obus ordinaires étaient épuisés, et pour ne pas laisser échapper l'occasion qui s'offrait, le capitaine Oster fit tirer les obus à balles comme boulets pleins. Cependant cette expérience ne réussit pas, car il est évident que le tir à ricochets ou à boulets roulants ne pouvait convenir à des projectiles ogivaux. Nous voyons nos obus s'enfoncer dans le sol et perdre leur efficacité. Néanmoins, la colonne ennemi s'arrête, recule, avance de nouveau pour reculer encore. Nous tirons nos derniers projectiles quand nous apercevons la cavalerie allemande qui semble prête à nous charger. Le capitaine fait préparer les boîtes à balles et on se dispose à en faire un bon usage; mais la charge n'a pas lieu.

A ce moment, il était 3 heures 1/2. Sept batteries occupaient encore la crête : à notre droite, la 8ᵉ et une batterie du 10ᵉ; à notre gauche, la batterie de 12 du 13ᵉ, les 5ᵉ et 12ᵉ et une autre batterie. Mais leur tir était devenu très lent, presque nul, faute de munitions. C'est alors que le commandant Vignotti donna l'ordre à la 7ᵉ d'amener les avant-trains et d'aller se mettre en réserve, avec la 5ᵉ, sur la route de Briey en attendant les munitions qu'on avait fait demander au parc de Plappeville.

Le capitaine se rongeait les poings. Pour se convaincre lui-même, il répétait au lieutenant Oehmichen et à l'adjudant Beulac que les munitions ne pouvaient tarder à arriver; que, dès le matin, le maréchal Canrobert en avait fait demander par le lieutenant de Bellegarde qui avait été dépêché tout exprès au maréchal Bazaine.

Les caissons n'arrivent pas. Le village de Sainte-Marie-aux-Chênes est tombé au pouvoir des Allemands. Le commandant du 6ᵉ corps n'a plus d'artillerie, les coffres étant vides, à opposer à l'ennemi. La fusillade est furieuse, la bataille bat son plein et nous piétinons d'impatience, quand on voit arriver au trot sur la route de Plappeville montant un superbe pur-sang, un officier suivi de quatre caissons. C'est le capitaine de Chalus. Quatre caissons pour l'artillerie du corps d'armée !

« Que voulez-vous, dit le capitaine de Chalus au capi-
« taine Oster. Le lieutenant de Bellegarde envoyé le matin
« était revenu sans obtenir satisfaction. A 2 heures, je
« suis parti, à mon tour, porteur d'une lettre du com-
« mandant du 6ᵉ corps priant instamment le maréchal

« Bazaine de lui envoyer d'urgence une colonne de muni-
« tions. Moi-même, j'ai exposé au maréchal la situation
« désastreuse où nous mettait le défaut de projectiles,
« j'ai prié, j'ai supplié et, après bien des hésitations,
« j'ai obtenu l'autorisation de prendre au fort de Plap-
« peville ces quatre malheureux caissons. »

La 7ᵉ est ravitaillée. Mais il est trop tard. La batterie
a perdu dans l'attente des instants précieux pendant lesquels elle aurait contribué à défendre la position de
Saint-Privat et en aurait interdit l'accès. L'artillerie
allemande n'a pris l'avantage que parce que nos coffres
étaient vides. Elle forme maintenant un arc de cercle au
nord-ouest de Saint-Privat et canonne la citadelle du
6ᵉ corps qui ne peut plus répondre à cette pluie de fer que
par les balles de ses chassepots. La retraite vers Metz
des débris de notre infanterie est imminente. Nous n'avons
plus qu'à la soutenir et à la protéger.

Déjà les 5ᵉ et 12ᵉ, la 10ᵉ du 13ᵉ ont été emmenées par
le lieutenant-colonel. Au Sud et contre la route de Saint-
Privat à Metz, à l'endroit où cette route monte dans les
bois, se trouvent les Carrières de la Croix situées sur
une croupe dominant la plaine, la crête Habonville Saint-
Privat et même ce village. C'est là que le lieutenant-colonel a installé ses trois batteries dans des positions étagées.
Le commandant Vignotti vient chercher la 7ᵉ et la dirige
sur la croupe des carrières pour la placer en arrière des
autres, au Nord de la route, la droite au bois. Bientôt,
12 batteries sont réunies, prêtes à ouvrir le feu pour
arrêter la poursuite de l'ennemi.

C'est l'heure suprême. Le 6ᵉ corps a été écrasé malgré
sa résistance héroïque. L'horizon empourpré par le soleil
couchant est couvert de fumée. A droite, Saint-Privat

brûle et ses ruines se détachent sur le ciel embrasé.
Devant nous, l'artillerie allemande qui a achevé son œuvre de destruction au nord-ouest de Saint-Privat, vient
s'installer au sud de ce village et ouvre le feu sur nous.

Les débris des braves régiments qui ont si longtemps
lutté quittent le village et battent en retraite vers Metz.
Et nous ouvrons le feu pour arrêter la poursuite.

L'infanterie s'écoule. Noirs de poudre, les vêtements
déchirés, la tête ou les membres bandés de linges san-
glants, ces hommes paraissent au paroxysme de la
fureur.

Je vois passer, entouré d'officiers, le maréchal Canrobert qui adresse la parole au lieutenant-colonel : « Votre
« position est bonne; vous l'avez bien choisie. Appuyez
« la retraite et ne laissez à aucun prix enlever vos piè-
« ces. »

Les projectiles ennemis commencèrent à nous arriver
et le capitaine Oster répondit vigoureusement. Heureusement les obus allemands étaient mal dirigés pour la
plupart et le tir trop long. Cependant, l'artificier Pauleau
fut tué par un éclat qui lui fractura la boîte crânienne.
Le servant Martin tomba blessé à mort au moment où il
pointait sa pièce. Le maréchal des logis Combarieu reçut
un éclat qui lui brisa le bras gauche. Mais, malgré ces
événements, l'ordre continuait à régner dans la batterie.
Le remplacement des hommes manquants se faisait
comme à la manœuvre, et le capitaine, sa jumelle à la
main, les rènes passées dans le bras gauche, continuait
à diriger son tir avec son calme accoutumé.

L'infanterie s'écoulait toujours. Près de la ferme de
Marengo, en avant de l'entrée du défilé, un régiment
d'infanterie, le 94e, s'était arrêté et nous servait de sou-

tien tout en constituant l'arrière-garde du corps d'armée.

Le feu ne s'éteignit que lorsqu'il fit nuit noire. Alors seulement, le capitaine fit amener les avant-trains et la batterie prit la route de Metz au milieu d'une inexprimable confusion. Hommes, chevaux et voitures se précipitent dans la coulée, cherchant à se frayer passage. Les convoyeurs civils surtout, réfractaires à toute discipline, cherchent, malgré les protestations des officiers, à doubler la colonne. Des voitures versent dans les fossés. Des chevaux s'abattent. Des appels, des cris, des jurons retentissent, et tout cela dans la nuit, au milieu d'une poussière intense.

Et nous oublions la faim et la soif pour ne penser qu'à une chose : nous avons été vaincus, et nous reculons devant l'ennemi.

Devant moi, j'entends le capitaine Oster dire au lieutenant Oehmichen : « Félicitons-nous de ce que la cava-« lerie allemande est au-dessous de tout. Si elle avait su « son métier, elle nous aurait poursuivis après la prise « de Saint-Privat et aurait changé notre retraite en un « irréparable désastre. »

Il est évident que l'allure, dans une pareille cohue, ne pouvait être que très lente. Après avoir marché toute la nuit, la batterie bivouaquait à 4 heures du matin au sud-ouest de Woippy, entre la 5ᵉ et la 8ᵉ.

Le 16 août, au matin, la batterie avait touché un jour de pain et biscuit et une ration de vin ; le 17 aucune distribution ne fut faite, pas plus que le 18. Le 19 au matin, les hommes, en arrivant au camp de Woippy s'endormirent le ventre vide. Les chevaux affamés se mangeaient mutuellement la crinière et la queue.

IX.

Journée du 19 Août

Le matin du 19, la première préoccupation fut celle de la nourriture pour les hommes et les chevaux, et quand les distributions furent faites et que ma faim fut apaisée, je n'eus plus qu'un désir : me laver, car, depuis trois jours, nous étions dans un état de saleté repoussant. Le capitaine nous engagea à nous hâter. Notre séjour sous les murs de Metz ne pouvait être que de courte durée et destiné seulement à nous ravitailler et à remettre de l'ordre dans l'armée fatiguée et désorganisée par deux batailles successives. D'ailleurs, nous allions avoir à rejoindre notre division, le 6ᵉ corps devant, d'après les ordres donnés la veille, avoir sa droite au saillant Nord du fort Moselle et sa gauche au Sansonnet. Les 4ᵉ et 6ᵉ corps avaient été disloqués et mélangés dans la retraite effectuée la nuit.

Le temps superbe des journées précédentes ne semblait pas devoir se continuer. Dans la matinée, de gros nuages noirs couvrirent le ciel, venant de l'Ouest, et à 2 heures éclata un orage épouvantable, accompagné d'une pluie diluvienne. C'est à ce moment qu'il nous fallut changer de camp. Notre première division du 6ᵉ corps était déployée dans la plaine de Saint-Eloy, face au Nord. Le 9ᵉ bataillon de chasseurs, qui en formait la droite, était sur la rive de la Moselle, au Nord de l'île Chambière. Les trois batteries du commandant Vignotti campèrent entre le chemin se dirigeant vers la Maison de Planches, vers le Nord, et celui allant de Metz à Saint-Eloy. Nous étions derrière le 12ᵉ de ligne. La pluie battante rendit notre installation très difficile, les piquets ne tenant pas dans la terre détrempée. Le soir, la 7ᵉ toucha, à l'arsenal, 135 coups par pièce.

Ce jour-là, on pouvait s'attendre à une nouvelle attaque de l'ennemi vainqueur, mais aucune tentative ne fut faite par les Prussiens, dont les troupes les plus avancées n'avaient pas dépassé Saulny.

X.

Journées des 20 et 21 Août

Le matin du 20, un épais brouillard couvrait la plaine au lever du soleil. Je vis partir des reconnaissances de cavaliers chargées de surveiller la vallée de la Moselle au Nord de Metz, que, dans le pays, on appelait la plaine de Thionville. Des corvées d'infanterie étaient mises à la disposition du génie pour creuser des tranchées-abris couvrant le front des troupes.

Le lendemain, même temps que la veille, c'est-à-dire brouillard dans la matinée. Le bruit courait d'une attaque probable, et la batterie fut portée par le commandant Vignotti en avant des lignes. Le maréchal Canrobert passa devant nous. Il adressa quelques paroles bienveillantes au commandant, au sujet de la manière dont nos batteries s'étaient comportées le 18, et lui dit qu'il allait voir ce qui se passait à Maison-Rouge et à Woippy. Vers 9 heures et demie, le brouillard s'étant dissipé, l'ennemi fut signalé dans les bois de Woippy et, plus au Nord, à Saint-Remy. Tout semblait indiquer de la part des Prussiens un mouvement de gauche à droite.

A une heure, le fort de Plappeville se mit à tonner. Vers quatre heures, on entendit le canon du fort Saint-Julien, et nous pûmes apercevoir des colonnes ennemies entre Olgy et Argancy ; le lieutenant Oehmichen pensait que c'était une tentative de passage de la Moselle. Et, le soir, on resta au camp.

Malgré la discipline, qui était excellente dans les batteries du régiment, je fus obligé de constater un certain malaise, un manque d'entrain proche du découragement. Je venais d'écrire à mon père quelques lignes pour le rassurer sur mon sort et calmer l'inquiétude où avait dû le mettre la nouvelle des deux batailles de Rézonville et de Saint-Privat, quand je vis venir mon camarade, le trompette Grandidier, de la 5ᵉ. Il m'emmena à l'écart, et, à voix basse, me fit part de ses appréhensions : « Ecoute, « me dit-il, quelque chose se passe qui n'est pas naturel. « As-tu remarqué que le maréchal Bazaine reste constam- « ment invisible, sans jamais visiter les campements, « sans venir nous encourager par sa présence. Comment « se fait-il qu'il n'ait pas paru pendant le combat autour « de Saint-Privat ? Pourquoi n'a-t-il pas envoyé de muni- « tions au maréchal Canrobert ? Comment n'inspecte-t-il « pas l'armée qu'il a groupée sous les forts de Metz ? « Pendant la retraite, le soir du 18, des régiments « d'infanterie sont passés devant la 5ᵉ, et les hommes « nous criaient en gouaillant : L'as-tu vu ? *Lui*, c'est le « maréchal. Et puis, que faisons-nous ici, maintenant « que nous sommes ravitaillés en vivres et munitions ? « Qu'attend-on pour nous faire marcher à l'ennemi et « prendre notre revanche du 18 ? ». Je répondis à Grandidier que nous autres troupiers étions mal placés pour discuter les résolutions prises par nos généraux, qui

avaient, sur la situation générale, des renseignements
qui nous manquaient. Mais Grandidier ne pouvait maîtri-
ser son inquiétude et appela mon attention sur l'allure
de nos officiers qui, depuis deux jours, n'était plus la
même. Et je fus obligé de reconnaître que le capitaine
Oster, dont le calme ne s'était jamais démenti dans les
circonstances les plus graves, paraissait soucieux, et
avait, avec son lieutenant, de fréquents conciliabules à
voix basse.

L'appel allait se faire. Grandidier me serra la main et
rentra à sa batterie.

XI.

Journée du 22 Août

Le 22, la matinée se passa paisible. Il n'était toujours
pas question de départ. L'ennemi, au Nord de Metz,
paraissait bien plutôt disposé à nous investir qu'à nous
attaquer. Il avait passé la Moselle au gué d'Argancy et
occupait Saint-Remy, Bellevue, Ladonchamps et Les
Maxes.

A l'appel du matin, le chef lut à la batterie une pro-
clamation du maréchal Bazaine, datée du 20. Il félicitait,
au nom de l'Empereur, l'armée de ses succès, et nous
assurait que la France se levait derrière nous.

Ce jour-là eut lieu une nouvelle répartition de l'armée
autour de Metz. A deux heures, notre division leva le
camp pour se reporter en arrière et se rapprocher des
glacis de la place. La 7e alla s'installer à la Maison-de-
Planches, vers l'extrémité du faubourg qui longe la route
de Thionville. La 5e nous avait quittés la veille pour aller
camper dans le village de Devant-les-Ponts.

XII.

Journées du 23 au 26 Août

Après les chaleurs que nous avions eues jusqu'au 19, le temps se refroidit brusquement, et le 23, la pluie se mit à tomber abondamment pendant la matinée et une partie de l'après-midi. La batterie prit la garde aux avant-postes. La 12ᵉ fut chargée de la construction de deux batteries au Sansonnet et au Coupillon.

Le 24, au soir, nous entendons la canonnade du fort Saint-Quentin. Les pluies ont détrempé le sol; les bivouacs sont inondés; les piquets des tentes ne tiennent pas; officiers et troupe pataugent dans une boue gluante. On parle toujours du départ. Le Saint-Quentin tire continuellement.

Le génie est en train de raser les maisonnettes des jardins et tous les obstacles pouvant gêner le tir de la place.

On a fait créneler les murs des enclos de la Maison de Planches, et la tranchée-abri du 75ᵉ la déborde sur la droite de la route de Thionville. On nous dit que l'artillerie du corps d'armée est réorganisée et qu'on lui a donné des batteries de réserve et un parc, le sien n'ayant pas rejoint au début de la campagne.

Le 25, tout le monde sait qu'une action est imminente et que nous allons rompre le cercle d'investissement pour aller au devant de l'armée commandée par le maréchal de Mac-Mahon, qui manœuvre entre Reims et Montmédy. Toute la journée, les préparatifs se font sans qu'aucun ordre ne nous arrive concernant le départ. Néanmoins, l'entrain et la gaieté sont revenus.

XIII.

Journée du 26 Août

Le réveil a lieu à 4 heures du matin. On fait le café et nous sommes prêts à atteler. Cette fois, c'est officiel, et le commandant Vignotti a reçu les ordres de la division.

A 6 heures et demie, la division Tixier, qui est sous les armes depuis 5 heures, se met en route. A 7 heures, la 7e marche derrière la division avec la 5e et la 8e. La Moselle est franchie sur le pont d'aval à travers Chambière. Le ciel est couvert de nuages et nous craignons la pluie. La colonne traverse le village de Saint-Julien, laisse le fort à droite, et fait halte pendant une demi-heure à la ferme de Châtillon. La 7e reçoit l'ordre d'aller se mettre en batterie un peu au-dessous du château de Grimont, non loin de la route de Bouzonville. Et nous attendons les événements. Au Nord-Est du château, le 4e de ligne est en bataille. A quelques centaines de mètres plus loin, le 10e. Le 9e bataillon de chasseurs est à 1.500 mètres du château.

Vers 11 heures, ces régiments se portent en avant et s'établissent au delà des bois de Grimont, face à Vany.

Il est midi; la pluie qui menaçait depuis le matin, commence à tomber. Nous faisons le café quand quelques coups de fusil se font entendre; c'est le 4e qui tiraille avec des Prussiens qui occupent Villers-l'Orme.

Nous voyons se diriger vers le château de Grimont une cinquantaine de cavaliers, et M. Oehmichen, la jumelle aux yeux, nous dit que c'est le maréchal Bazaine et son état-major. Mais on ne nous envoie par d'ordres. Tout se borne à des combats de tirailleurs vers Villers-l'Orme, Vany, et plus au Nord, vers Malroy.

Maintenant, le vent s'est levé et la pluie est devenue torrentielle. Nous sommes trempés et les chevaux tournent uniformément la croupe du côté des rafales, pendant qu'assis sur les affûts, nos officiers fument mélancoliquement.

Qu'est-il arrivé ? Pourquoi ne se porte-t-on pas en avant ? Le maréchal Bazaine aurait-il reçu de mauvaises nouvelles de son camarade de Mac-Mahon ?

Vers 6 heures du soir seulement, l'ordre arrive de repasser la Moselle à Chambière, et de rentrer dans les camps quittés le matin. Les troupes du 4e corps se mettent en route en même temps que celles du 6e. Notre division est arrêtée près de la ferme de Châtillon, et reste là jusque dix heures du soir, sous la pluie battante, sans pouvoir avancer d'une semelle. Le fermier me donne du pain et du lard, et refuse l'argent que je lui offre.

Enfin, notre tour arrive, et les batteries se mettent en marche. Mais le passage des ponts est si long, les à-coups si nombreux dans l'obscurité et la boue, que la 7e arrive à son camp à 4 heures du matin, aux premières lueurs de l'aube, marchant depuis dix heures du soir pour faire 5 kilomètres. Et nous nous endormons, trempés et grelottant, plus tristes de notre retour que des souffrances que nous endurons.

XIV.

Journées du 27 au 31 Août

Le 27 était un dimanche. Le réveil fut navrant après quelques heures seulement d'un sommeil fiévreux. On alluma de maigres feux pour essayer de sécher les effets et on entreprit de donner quelques soins aux chevaux qui, enfoncés dans le sol jusqu'aux jarrets, et couverts d'une cuirasse de boue, étaient dans un état piteux. Ces animaux, par suite des fatigues et des intempéries, dépérissaient à vue d'œil. Plusieurs furent atteints de coliques et l'un d'eux périt malgré tous les soins qui lui furent donnés.

La pluie s'est calmée, mais le temps reste couvert et menaçant. L'après-midi, un orage violent éclate ; les éclairs se succèdent et, le soir, nous apprenons que la foudre a tué 4 chevaux au 2ᵉ chasseurs d'Afrique.

Le 28, la pluie, qui a cessé dans la soirée de la veille, recommence à tomber vers 8 heures du matin. Toute la journée, les orages se succèdent. Il est presque impossible de se mouvoir dans le gâchis du camp. Nous ramassons, pour les brûler, les débris de bois provenant des maisonnettes démolies par le génie. Le soir, la pluie et le vent font rage.

Le 29, la pluie cesse et le temps semble devoir se remettre au beau. Nous en profitons pour essayer de panser les chevaux. Les vivres commencent à se faire rares. On sait maintenant que la sortie du 26 n'a pas été poussée à la suite d'un conseil de guerre réuni au château de Grimont, où les commandants de corps d'armée ont été d'avis de rentrer sous Metz.

Le capitaine Oster nous prodigue des encouragements. Il nous dit que les pluies que nous avons supportées ne sont rien en comparaison de celles de Crimée, ce qui n'a pas empêché l'armée française de triompher de l'armée russe. Il est persuadé, nous dit-il, que nous percerons les lignes ennemies et que le maréchal n'attend, pour le faire, que des nouvelles du dehors. Le capitaine est-il sincère ? Ne cherche-t-il pas seulement à relever le moral de ses hommes ?

Enfin, le 30, le bruit court avec persistance que la tentative du 26 va se renouveler, dans de meilleures conditions cette fois. Les préparatifs se font toute la journée et, le soir, les ordres nous arrivent. Le commandant Vignotti vient informer le capitaine qu'on partira le lendemain matin, à 6 heures, et que l'itinéraire est le même que le 26.

Mais l'enthousiasme ne régnait plus parmi le personnel de la batterie. Les sous-officiers, causant entre eux, disaient qu'une surprise de l'ennemi n'était plus possible dans ces conditions, et que les Prussiens, voyant notre mouvement s'amorcer et le passage sur la rive droite de la Moselle s'effectuer, sauraient bien où ils devaient masser leurs troupes pour résister à notre attaque. Ils souhaitaient voir, en tous cas, l'attaque se produire sans hésitations, foudroyante sur un point donné, sans laisser le temps à l'ennemi, par un combat traînant, d'amener des renforts.

Je comprenais ce que ces observations avaient de sensé ; mais j'étais de l'avis du capitaine. Le maréchal devait avoir son plan, et la batterie était là pour jouer son rôle. Elle le pouvait puisque ses coffres étaient pleins.

Dans la journée, deux bataillons de notre division se portent sur Thury et en ramènent 70 voitures de fourrage.

XV.

Journée du 31 Août. — Bataille de Servigny

Le jeudi 31 août, le réveil a lieu à 4 heures et le général Tixier fait prévenir les batteries que la division doit se mettre en route à 7 heures. Les batteries suivent leur division. Le commandant Vignotti marche à côté du capitaine Oster et lui expose les ordres dont il a connaissance. L'objectif est le village de Sainte-Barbe situé sur un plateau dont les villages de Mey, Noisseville et Servigny occupés pas les Allemands défendent les accès. De Sainte-Barbe, le maréchal Bazaine entend gagner Thionville. En première ligne marchent les 3°, 4° et 6° corps, le 3° à droite, le 4° au centre, et le 6° à gauche. Le 2° corps et la Garde sont en deuxième ligne. Le 6° corps passera la Moselle sur les trois ponts à la suite du 4° corps, et ira s'établir en avant du bois de Grimont, en arrière de Villers-l'Orme.

« Mais c'est la manœuvre du 26 qui recommence ! « s'écrie le capitaine. Rien n'est changé. On va nous « faire poser pendant toute la journée, et le soir, nous « rentrerons au camp ! »

La batterie franchit la Moselle en Chambière, passe à Saint-Julien et va reprendre, vers 9 heures, sa position du 26 en avant de Grimont. L'infanterie, elle aussi, reprend ses anciennes positions et s'étend sur deux lignes de la ferme de Châtillon, à gauche, à la route de Bouzonville. Le brouillard qui couvrait la vallée le matin s'est dissipé et le soleil nous réchauffe déjà en nous mettant au cœur un peu de gaîté. Mais l'appréhension d'assister à la répétition complète de la journée du 26 nous étreint. A midi, l'attaque devrait être commencée depuis longtemps, et il n'en est rien. Comme le 26, les troupes allument leurs feux, font le café et ne semblent pas devant l'ennemi. Nous recevons ordre de débrider et de donner l'avoine. L'attente menace de se continuer, et l'ennemi qui a observé toute cette inexplicable manœuvre, a eu le temps de se masser. Nos officiers restent silencieux et ne causent entre eux qu'à voix très basse.

Cependant le commandant Vignotti a appris que le maréchal Bazaine a reçu une dépêche du maréchal de Mac-Mahon qui marche sur Thionville, et cette bonne nouvelle nous ragaillardit.

A 4 heures 1/2, la canonnade commence enfin en avant du château de Grimont à un signal donné par les pièces du fort Saint-Julien. Les tirailleurs de l'infanterie se portent en avant et engagent la lutte. Ce n'est qu'à 5 heures que le général de Berckeim, qui commande l'artillerie du 6ᵉ corps, vient trouver le commandant Vignotti et emmène les trois batteries qu'il place, la 5ᵉ et la 8ᵉ devant Failly, la 7ᵉ devant Rupigny. Nous mettons en batterie et on nous donne l'ordre de n'ouvrir le feu contre le village que lorsqu'un gros d'infanterie placé en arrière se mettra en mouvement. La batterie est défilée des vues de l'ennemi; le capitaine met pied à terre, me donne l'ordre d'en faire autant, et nous gravissons la pente jusqu'à la crête sans nous montrer. Puis, avec précautions, nous gagnons une petite haie basse derrière laquelle nous nous tapissons. « Vous qui avez de bons « yeux me dit le capitaine Oster, regardez. Voyez-vous « quelque chose ? »

Et du doigt, je désigne au capitaine, un peu sur notre droite, des têtes qui dépassent. Au même instant, six coups de canon partent et nous entendons les obus ronfler au dessus de nos têtes. Sans nous apercevoir, mais soupçonnant la présence de troupes françaises dans le ravin, les Prussiens ont tiré au juger. Plusieurs projectiles ont éclaté au milieu des avant-trains et nous avons deux chevaux tués et plusieurs blessés heureusement légèrement.

Entre Rupigny et Vany, le terrain est assez accidenté. C'est un lieu élevé d'où partent des vallonnements peu profonds, mais assez rapprochés les uns des autres qui descendent vers la Moselle, le Caner et la Nied. Notre canon de 4, essentiellement léger et maniable, peut y être traîné dans toutes les directions, mais l'artillerie allemande paraît s'y mouvoir avec difficulté et garde soigneusement les crêtes.

Nous descendons à la batterie. Le feu des Prussiens a cessé et le maréchal des logis chef fait dégarnir les chevaux tués pour en recueillir les harnais.

Un officier des compagnies franches, le capitaine Zédé, qui vient de la direction de Vany, se présente au capitaine Oster et lui donne des renseignements très exacts sur la position de l'ennemi qui n'est pas à plus de 600 mètres et ne peut apercevoir nos pièces. Il explique que le 4e corps, au lieu de marcher sur Failly que sa gauche était chargée d'enlever, a été entraîné à appuyer sa droite sur Poixe et Servigny. Puis le capitaine Zédé, qui commande les partisans des 12° et 100° de ligne, nous quitte pour marcher sur le bois de Failly.

Bientôt, nous voyons devant nous l'infanterie de la division Tixier charger l'ennemi à la baïonnette dans ses tranchées-abris, le mettre en fuite et entrer dans Rupigny où la résistance est faible.

Sur notre droite, dans la direction de Servigny et Noisseville, la fusillade est des plus vives et cependant la nuit tombe. Le commandant Vignotti arrive et nous apporte l'ordre d'amener les avant-trains pour revenir au château de Grimont où la batterie va bivouaquer.

Notre division occupe Vany et Villers-l'Orme, mais Poixe appartient encore aux Prussiens. Servigny et Noisseville sont en flammes. Les feux de bivouac s'allument et de nombreux officiers viennent chercher asile au château ruiné pourtant par les obus.

Cette fois, nous sommes vainqueurs sans conteste et nous serions déjà à Sainte-Barbe si le combat, au lieu de commencer à la fin de la journée, avait été livré de bonne heure. Il faudra le continuer demain matin et achever la besogne si bien commencée. Autour des feux du bivouac, sous les grands arbres du parc, les récits vont leur train. Seize canons ont été pris aux Allemands. Le maréchal Bazaine passe la nuit à Saint-Julien. L'Empereur est à Thionville avec 80.000 hommes. Demain, après avoir enlevé Sainte-Barbe, nous retrouverons l'armée amie avec laquelle nous infligerons aux Allemands de sanglantes défaites. Et on s'endort heureux, pleins d'espoir.

XVI.

Journée du 1er Septembre. — Suite de la bataille

Le 1er septembre, au lever du soleil, le brouillard, comme presque tous les matins, s'étend sur la plaine et couvre les positions de l'ennemi, comme les nôtres. Dès 6 heures du matin, la fusillade et la canonnade se font entendre du côté du 4e et du 3e corps. Les deux régiments de la brigade Péchot (1re de la division Tixier) sont déjà placés sur deux lignes; le 4e sur la route de Vany à Villers-l'Orme et le 10e à 150 mètres en avant. Le général de Berckeim fait demander les batteries du commandant Vignotti dès que le brouillard tend à se dissiper, et, à notre arrivée, place la 7e devant Failly où l'ennemi s'est retranché, et d'où il tiraille sur notre infanterie. Il s'agit pour la batterie de préparer l'attaque du village à laquelle la brigade Péchot va se lancer. Le capitaine Oster fait mettre en batterie et ouvre le feu à 1.100 mètres avec des obus ordinaires. A notre gauche, en avant de Vany, la 8e ouvre, elle aussi, le feu sur Failly, et bientôt un incendie se déclare dans le village. L'artillerie allemande nous répond, mais, étant donné notre défilement, ne peut tirer sur nous qu'au juger et ne nous atteint pas. Bientôt, les Prussiens abandonnent la défense des murs qu'il ont crénelés, et se massent dans la grande rue. Le capitaine commande aussitôt l'emploi d'obus à balles. Mais, après quelques coups, le commandant Vignotti vient nous donner l'ordre de battre en retraite par échelons.

La 7e amène les avant-trains, se remet en batterie à 500 mètres en arrière, et ouvre son feu par dessus le

10° de ligne. A notre droite, défile à 50 mètres, le 4° pendant que l'artillerie allemande nous canonne. Une batterie prussienne s'avance alors sur notre flanc gauche, mais au moment où elle va se mettre en batterie, survient le capitaine Zédé suivi de sa compagnie franche au pas gymnastique qui se lance sur cette batterie et l'oblige à disparaître.

La 7° fait alors un léger mouvement à gauche pour échapper aux vues de l'ennemi et reste dans cette position pendant deux heures, attendant l'apparition sur la crête de l'infanterie allemande; mais tout se borne à la venue de quelques tirailleurs isolés qui sont obligés de se retirer sous le feu de notre infanterie.

A différentes reprises, nos applaudissements et ceux des fantassins ont salué la compagnie de partisans du capitaine Zédé qui manœuvrait devant nous. Il était curieux de voir ces braves gens, avec une rare audace, mais en tirant un excellent parti des accidents du terrain, ramper jusqu'à 200 mètres de l'artillerie prussienne dont ils décimaient les servants. Cette compagnie était composée avec soin non seulement d'hommes hardis et audacieux, mais de tireurs remarquables qui, dans cette affaire, firent un mal énorme à l'ennemi.

Il était 11 heures du matin quand plusieurs batteries prussiennes débouchèrent du bois de Failly pour venir au secours de l'infanterie chassée du village. Bien défilées, ces batteries ouvrirent sur nous un feu meurtrier. En quelques minutes, l'adjudant Beulac, le brigadier Jacques, les servants Protat, Malfroy, Coutin, Vasseur, Vaderemberg et Vanuxem, les conducteurs Squalard et Levasseur étaient blessés, heureusement peu grièvement. Mais plusieurs chevaux étaient tués. Sous le feu, je vis

le maréchal des logis Taurau faire dételer les chevaux
morts et atteler son avant-train à trois, avec un calme
et une présence d'esprit admirables. Le chef de la 3ᵉ pièce
Hallez, qui venait de relever l'adjudant Beulac contusionné et blessé à la tête, rectifia la position de son
avant-train et revint à sa pièce.

Les batteries de la réserve du corps d'armée avaient
été portées par le maréchal Canrobert vers Chieulles pour
appuyer la division Tixier, quand, vers 11 heures, le
6ᵉ corps reçut, du maréchal Bazaine, l'ordre de ne pas
rester en flèche et de revenir à son emplacement de la
veille en avant du château de Grimont.

Le capitaine ne put s'empêcher de dire que c'était la
conséquence de l'arrivée des renforts allemands qui n'auraient pas été là si, la veille, on avait commencé plus
tôt, et si on avait pu enlever les positions avant la nuit.

Arrivés au château de Grimont, la batterie fut envoyée
plus en arrière, sur la route de Bouzonville.

La retraite de notre infanterie, dans un ordre parfait,
fut poursuivie par l'artillerie allemande qui lui envoya
des rafales de mitraille. Heureusement, les obus des
grosses pièces du fort Saint-Julien venaient, avec une
justesse remarquable, empêcher l'infanterie ennemie de
déboucher du bois de Failly, situé pourtant à 4.500 mètres du fort.

La bataille était terminée. La chaleur était devenue
étouffante et nous nous reposions autour des pièces. La
fusillade allait en s'éteignant.

A 2 heures, arriva l'ordre de rentrer au camp sous
Metz; et ce fut avec une profonde tristesse que la batterie reprit, derrière sa division, le chemin déjà parcouru

plusieurs fois inutilement, Saint-Julien et les ponts de Chambière.

Devant moi, le capitaine Oster, très animé, contrairement à son habitude, causait avec le lieutenant Oehmichen. « Nous avons pu, tout à notre aise, étudier, disait « le capitaine, la manière de faire de l'artillerie alle- « mande. A Rezonville, à Saint-Privat, hier et aujour- « d'hui, nous avons pu constater qu'elle n'est pas aussi « redoutable qu'on voulait bien le dire. Il est certain « que sa manière de régler le tir par un coup court et « un coup long est très bonne; mais vous avez pu voir « que ses obus ordinaires sont tous percutants, et que, « dans les terres meubles, ils n'éclatent que rarement. « Quand l'éclatement se produit, la chemise de plomb « dont ils sont revêtus limite le nombre et la portée des « éclats, et, en somme, ces projectiles ont peu d'efficacité. « Quant à leurs obus à balles, leurs *shrapnels*, comme « ils les appellent, ils sont aussi percutants et leurs balles « n'ont pas grande force de pénétration. Ce qui fait « l'infériorité de nos pièces de 4, c'est la portée qui en « est moindre. Il aurait fallu porter nos batteries plus « près de celles des Allemands et ne pas engager un duel « d'artillerie à plus de 2.000 mètres. Au delà de cette « distance, nous avons une infériorité marquée. »

— « Avez-vous remarqué, mon capitaine, disait le « lieutenant Oehmichen, qu'au lieu de couronner la crête « et même de se placer un peu en avant, comme nous le « faisons, et de se révéler ainsi à nos vues, les batteries « allemandes se mettent toujours un peu en arrière et « se trouvent ainsi protégées. »

— « Ce qui serait intéressant de savoir, ajouta le « capitaine, et on le saura à la fin de la campagne, c'est

« le résultat de nos tirs. J'estime, pour ma part, que
« nos obus fusants ont dû produire beaucoup d'effet en
« éclatant en l'air en avant du front des troupes, et, à
« ce point de vue, notre artillerie est incontestablement
« supérieure à celle des Prussiens. »

Et nos deux officiers, s'absorbant dans cette discussion
technique, s'abstenaient de toute critique sur la sortie
que nous venions de faire sans autre résultat qu'une
dépense énorme de munitions et des pertes sensibles.

Mais le soir, quand on dressa le camp, et qu'il nous
fallut nous installer, une fois encore, dans ce bourbier
où nous avions passé des heures si pénibles, et que nous
avions cru quitter à jamais la veille au matin, quelques
hommes ne purent se taire et l'adjudant Beulac, la tête
bandée et le bras en écharpe, dut imposer silence.

« Vous n'avez pas, dit-il, d'observations à faire, et ce
« n'est pas à nous qu'il appartient de juger nos géné-
« raux qui, en fait de bravoure et de connaissance de la
« guerre, ont fait leurs preuves. Vous n'avez qu'à obéir
« et vous conduire bravement au feu, comme vous l'avez
« d'ailleurs toujours fait ».

Et comme cet excellent sous-officier était aimé des
hommes, le silence se fit.

XVII.

Journées du 2 au 23 Septembre. — Pluies et ouragans

Je ne puis raconter que ce dont j'ai été témoin. Je
n'avais vu, dans ce combat de Servigny, qu'une partie
minime du champ de bataille. Le lendemain seulement,

on sut que si l'ennemi avait subi des pertes considéra-
bles, de notre côté, nous avions perdu 146 officiers et
3.400 sous-officiers et soldats. Notre 3° corps surtout
avait été très éprouvé et avait 89 officiers et 2.000 hommes hors de combat.

Si nous, combattants, étions cruellement déçus dans
l'espoir que nous avions nourri de percer les lignes allemandes, le désespoir des habitants de Metz ne fut pas
moins grand. Sur les glacis, la population avait suivi
avec anxiété les phases du combat. Les Messins rentrè-
rent chez eux, la mort dans l'âme.

Le 2 septembre, j'écrivis à mon père, sans savoir si ma
missive lui parviendrait. Jusqu'alors, ma santé était
excellente et mon tempérament robuste n'avait pas souffert des fatigues, du défaut de sommeil et des nuits dans
la boue. Mais, si le physique était bon, le moral l'était
moins, et je commençais à envisager avec inquiétude
l'issue d'une campagne qui nous avait donné déjà tant
de déceptions. J'aurais voulu faire part de mes craintes
à mon capitaine; j'aurais voulu entendre de sa bouche
quelques paroles rassurantes, mais je n'osais pas lui
parler sans motifs. Quand je me trouvais sur son
passage, il se contentait de répondre silencieusement à
mon salut, et il était facile de remarquer la tristesse dans
laquelle cet homme si énergique semblait, à présent,
plongé.

Le lieutenant Oehmichen, peu loquace de sa nature,
n'ouvrait plus la bouche que pour donner des ordres et
paraissait aussi triste que le capitaine. Quand il se trouvait avec ses camarades Varloud et Nouette, de la 5°,
Tournier et Bertin, de la 8°, ces Messieurs ne plaisan-
taient plus devant nous comme ils le faisaient autrefois,

mais se retiraient à l'écart pour causer, afin qu'on n'entendit pas leur conversation.

Nous allons subir un siège, et, dès le 2 septembre, on commence tous les préparatifs pour le soutenir. Persuadés désormais que notre séjour sous les murs de Metz va être de longue durée, les canonniers s'ingénient à rendre moins malsain et même presque confortable notre camp. Des gourbis sont construits avec des branchages et des débris de toutes sortes, nos toiles de tentes servant de toitures. On recueille les pierres pour en paver les principaux passages et éviter ainsi de patauger dans des cloaques quand il pleuvra. Nos officiers paraissent satisfaits de nous voir ainsi échapper à l'oisiveté et nous encouragent en nous aidant de leurs conseils.

Des ouvrages de fortifications sont établis par les troupes tout autour de la Place. Des corvées sont commandées chaque jour pour aller travailler dans les forts que la déclaration de guerre était venue surprendre en voie d'achèvement.

En avant des campements du 6e corps, nos troupes occupent les fermes de Saint-Eloy, Thury, la Grange-aux-Dames, la Maison-Rouge et la Maison-Neuve. Tous les jours, une des trois batteries de la division prend la garde aux avant-postes. La compagnie de partisans du 6e corps harcèle chaque nuit l'ennemi, et il est rare de n'être pas réveillé par des coups de fusil sans qu'aucune action importante ait lieu.

Le 4 septembre, la pluie recommence à tomber.

Le 5, on entend distinctement le canon du côté de Briey, et ce bruit, tant désiré, ranime l'espoir de ceux qui croient encore à l'arrivée d'une armée de secours. Mais rien ne paraît et les vivres deviennent rares. La

ration de viande est réduite à 300 grammes et les chevaux ne touchent que 4 kilogrammes d'avoine; le foin et
la paille font complètement défaut. Je vais, quand j'en
ai le loisir, chercher pour mon pauvre *Camail* des feuilles de vigne dont il est très friand.

Le 6, un orage épouvantable vient inonder le camp.
Des bruits alarmants circulent : l'armée de Mac-Mahon
aurait subi un grave échec. Ce qui accrédite cette nouvelle, c'est l'attitude de l'ennemi dans les bivouacs
duquel nous entendons les musiques.

Il est question d'une opération que doit tenter le
6ᵉ corps sur le château de Ladonchamps, occupé par
l'ennemi.

Le 7, la pluie devient torrentielle; le vent est des plus
violents et menace de détruire nos gourbis. Dans la matinée, des partisans ont fait des prisonniers sur lesquels on
trouve des journaux. Les nouvelles, dont l'authenticité
est peu contestable, sont des plus graves : l'Empereur a
été fait prisonnier après la perte d'une bataille à Sedan.
L'Impératrice et le Prince Impérial ont dû quitter précipitamment Paris, et un Gouvernement provisoire a été
formé par les députés de l'opposition. Ces nouvelles se
répandent dans les camps avec une incroyable rapidité
et les soldats ne voient pas tout d'abord quelles vont
être les conséquences de ces événements. La partie triste,
c'est la défaite de l'armée de Mac-Mahon. Le changement
de gouvernement nous laisse généralement indifférents.
Je me décide à aller interroger l'adjudant Beulac, qui me
répond que rien n'est certain et qu'il faut attendre.
Cependant, pressé de questions par les sous-officiers et
les canonniers, il nous dit qu'il va demander des renseignements au capitaine Oster. Le capitaine est parti à la

recherche du commandant Vignotti. Je le vois, une heure
après, en conférence avec le capitaine Flottes, de la 8ᵉ,
et le capitaine Lethierry, de la 5ᵉ. Les trois officiers ont
l'air très animés et gesticulent en discutant.

Le soir, après la soupe, le capitaine Oster fit former
le cercle et nous donna les explications suivantes :

« Mes chers camarades, des événements dont l'impor-
« tance ne peut vous échapper, se sont produits en
« France. Hier, nous ne savions rien de certain, et, en
« campagne, il faut toujours se méfier des bruits que
« l'ennemi peut avoir intérêt à faire courir. Mais, main-
« tenant, il n'est plus permis de douter. Un officier de
« l'état-major général s'est rendu aux avant-postes pour
« une question d'échange de prisonniers et il a eu entre
« les mains la preuve des faits suivants : L'armée du
« maréchal de Mac-Mahon, entourée par les Prussiens à
« Sedan, a livré une bataille qui a été perdue; le maré-
« chal a été blessé. L'Empereur s'est rendu au roi de
« Prusse et l'armée est prisonnière. Le Prince Impérial
« s'est réfugié en Belgique. Le Corps Législatif a prononcé
« la déchéance de l'Empereur et un gouvernement dit de
« la *Défense nationale* a été immédiatement formé. La
« perte de l'armée du maréchal de Mac-Mahon est une
« véritable catastrophe ; mais il ne faut pas s'imaginer
« pour cela que tout est perdu. Avec une nation comme
« la nation française, il y a toujours de la ressource.
« L'armée du Rhin constitue maintenant l'espoir de la
« Patrie, et, plus que jamais, nous devons élever nos
« âmes et nous montrer prêts à tous les sacrifices. Je
« sais votre courage, votre discipline. Je suis convaincu
« que la France peut compter sur vous, et que la 7ᵉ bat-

« terie du 8ᵉ régiment d'artillerie luttera jusqu'au bout.
« Vive la France ! »

Tout le monde répéta ce cri, et je vis le capitaine s'éloigner, visiblement ému.

Le lendemain 8, les camarades commentèrent les nouvelles. La plupart posaient des questions qui démontraient la variété d'idées baroques pouvant germer dans les cervelles. Le temps épouvantable n'était pas fait pour rendre le courage, et l'inaction forcée à laquelle la pluie et la boue nous obligeaient, augmentait encore la tristesse des hommes.

L'inondation du camp est telle qu'il faut prendre des mesures ; le génie vient creuser des fossés d'irrigation. Il ne nous est plus possible d'allumer du feu. La ration de pain vient d'être réduite à 700 grammes. Chaque régiment doit livrer 40 chevaux par jour à la boucherie.

9 SEPTEMBRE. — Le 9, la tourmente continue, emportant les tentes, secouant nos frêles abris. La pluie tombe toujours et la Seille, sortant de son lit, couvre la plaine. Il n'est plus possible de conserver ses vêtements secs ; nous ne pouvons pas davantage les faire sécher. Les malades deviennent nombreux et le bruit court que le typhus a déjà fait des victimes. A 7 heures du soir, nous grelottons sous nos abris quand une canonnade effroyable éclate dans la direction du fort de Queuleu. Ce sont les batteries allemandes qui commencent le bombardement. Les forts de Saint-Quentin et de Plappeville répondent. Nous entendons aussi les pièces de campagne dans la direction de la Maison-Rouge et de Woippy. Les troupes de la division prennent les armes. Dans l'obscurité, sous la pluie, nous garnissons nos malheureux chevaux et, rapidement, la batterie part pour aller armer de ses piè-

ces la batterie du Coupillon. Mais à peine nos pièces sont-
elles placées dans les embrasures, que le feu s'éteint. Nos
forts cessent le feu et le silence se fait. Est-ce une ruse
de l'ennemi ? Va-t-il recommencer sa tentative ? Nous
restons dans la batterie toute la nuit. L'infanterie garnit
les tranchées presque pleines d'eau, et la nuit se passe
lentement sans que l'ennemi donne signe de vie. Malgré
moi, je pense au dessin de Raffet, qui représente des soldats dans l'eau jusqu'au ventre, et à la légende : « Il est
interdit de fumer, mais on peut s'asseoir. »

10 SEPTEMBRE. — Le jour paraît enfin et nous recevons
l'ordre de rentrer au camp. La pluie a cessé, mais nous
sommes épuisés et nos chevaux sans force pour disputer
à la boue nos pièces qui s'y enfoncent jusqu'au moyeu.

11 SEPTEMBRE. — Le 11 septembre, dimanche, le temps
s'est remis au beau et le soleil fait sécher, trop lentement
à notre gré, le sol de notre camp. Nous pouvons, pour la
première fois depuis plusieurs jours, procéder à des soins
de propreté, dont nous avons le plus pressant besoin.
Notre linge est en lambeaux, nos uniformes fanés et usés.
Les bandes du pantalon n'ont plus de couleur. Nos chevaux dépérissent à vue d'œil, et il a déjà fallu livrer à
la boucherie plusieurs de ces animaux incapables de se
mouvoir.

Des officiers faits prisonniers à Sedan, et échangés
contre des officiers allemands, sont à Metz et confirment
les nouvelles qui nous ont été apportées le 7.

12 SEPTEMBRE. — Le 12 septembre, les troupes sont
informées qu'elles pourront essayer de donner des nouvelles à leurs familles, par des ballons en papier construits par le pharmacien en chef de la Garde. Je confie

au gré du vent quelques lignes à l'adresse de mon père, pour le rassurer sur mon sort.

13 SEPTEMBRE. — Le 13, les commandants de corps d'armée réunissent les officiers généraux et supérieurs, et leur font des communications relatives à la situation, d'après une entrevue qu'ils viennent d'avoir avec le maréchal Bazaine. Ce fut le commandant Vignotti qui vint transmettre à la 7ᵉ les résolutions du commandant en chef. Craignant de subir le même sort que son collègue de Mac-Mahon, le maréchal Bazaine a décidé de ne plus entreprendre de grandes sorties. Chacun des commandants de corps se chargera de faire de petites opérations de détail en avant de son front. Le commandant Vignotti ajoute que ces opérations étaient nécessaires pour tenir les troupes en haleine, car elles devaient être toujours prêtes à combattre. « Peu nous importe, dit le commandant, « la forme actuelle de gouvernement, qu'il se nomme « empire, royauté ou république, nous sommes l'armée « de la France et nous devons rester fidèles à la devise « inscrite sur nos étendards : Honneur et Patrie ».

Mais pendant que le commandant Vignotti causait avec nos officiers, je m'approchai de son ordonnance, Villemin, qui avait fait ses classes avec moi. Il me raconta qu'il avait entendu le maréchal Canrobert parler aux généraux et chefs de corps. C'est avec des larmes dans la voix que le vaillant soldat avait résumé les événements : la capitulation de Sedan, après la blessure du maréchal de Mac-Mahon, et la captivité de Napoléon III. Puis il avait affirmé la nécessité, pour l'armée de Metz, de consolider ses positions et de se défendre avec la dernière énergie et le plus longtemps possible, l'Europe pouvant intervenir et imposer à la Prusse une paix honorable pour la France. Le maréchal a dit que nous avions des vivres pour six semaines encore.

Les privations se font déjà sentir, car depuis plusieurs jours on ne distribue plus de sel.

14 Septembre. — Le 14, la pluie commence à tomber dès le matin et continue jusqu'au soir. On nous donne, comme fourrage, de la paille de blé non dépouillée de son grain. La 8ᵉ est chargée de construire une batterie à Saint-Eloy.

15 Septembre. — Le 15, un ordre du général Soleille, commandant l'artillerie de l'armée, prescrit le remplacement immédiat des fusées fusantes des obus par des fusées percutantes. On nous fait verser à l'arsenal les fusées fusantes.

La 7ᵉ reçoit l'ordre de construire une batterie fixe pour 6 pièces de 12 de siège, au saillant des lignes, entre la route de Thionville et la ferme de Saint-Eloy. Cette batterie doit battre Ladonchamps, Saint-Remy, les Grandes-Tapes, les Petites-Tapes, Franclochamps, Saint-Baudier et Les Maxes. Toutes ces localités contiennent des postes prussiens, et sont situés à une distance qui varie entre 1.400 et 2.900 mètres de la batterie. Elles sont reliées entre elles par un cordon de petits postes assez bien dissimulés. Nos officiers plantent des piquets et nous nous mettons sans retard à l'œuvre. Pendant notre travail, nous voyons distinctement les Prussiens aller et venir dans une quiétude absolue. Ils placent leurs grand'gardes à découvert et construisent des huttes en paille vers Olgy.

Sur l'emplacement de la batterie que nous construisons se trouve le lit d'un ruisselet. Pour trouver de la terre moins dure, nous la prenons dans le lit même du ruisseau et, en la rejetant sur les bords, nous obtenons un parapet très solide, précédé par un assez large fossé plein d'eau. Pendant notre travail, nous sommes dissimulés aux vues de l'ennemi par un rideau de saules.

Un ballon porteur de dépêches s'élève de Metz.

La 12ᵉ batterie, qui est campée à Devant-les-Ponts, construit une batterie battant Saulny et placée en avant du cimetière de Woippy.

Le pain est réduit à 300 grammes et la viande de cheval portée à 750 grammes. La privation de sel est des plus pénibles.

18 Septembre. — Le 18 septembre, la nourriture des chevaux devenant de plus en plus difficile, on prescrit d'envoyer aux environs des camps des corvées à l'effet de recueillir l'herbe et les feuilles des arbres. On recommande de cueillir de préférence les feuilles d'orme, d'érable, de charme, de peuplier, de bouleau et d'aulne, à l'exclusion du frêne, du chêne et du hêtre. Malgré ce fourrage d'un nouveau genre, les chevaux périssent en grande quantité. J'ai beaucoup de peine à conserver la vigueur de mon pauvre *Camail*, dont le poil est terne et qui est dans un état de maigreur extrême. Les canonniers privés de leurs chevaux reçoivent à l'arsenal des fusils et des équipements de fantassins.

A midi, le général Tixier passe la revue de sa division. Comme nous sommes employés à la batterie de la route de Thionville, la 7ᵉ est dispensée de cette prise d'armes.

20 Septembre. — Le sous-officier de garde fait prévenir le capitaine Oster que, dans la plaine de Thionville, on constate des mouvements dans les postes ennemis. Le capitaine, accouru aussitôt, fait ouvrir le feu sur des grand'gardes prussiennes qui s'avancent en bataille et

sans précaution à 1.200 mètres de la batterie. Dès le premier coup de canon, nous voyons les Allemands se disperser et se jeter rapidement dans les tranchées d'assainissement. Notre feu ne semble pas avoir produit de résultats.

21 SEPTEMBRE. -- Des tirailleurs ennemis viennent reconnaître la batterie de fort près, mais l'ordre dispersé dans lequel ils marchent ne permet pas à la batterie de faire feu.

Notre voisine, la 8ᵉ, est chargée de construire à la batterie Saint-Eloy un magasin à poudre.

Nous continuons, pour empêcher les chevaux de mourir de faim, à les mener pâturer, et à cueillir des feuilles d'arbres. Cependant, les remparts de la ville sont couverts d'une superbe luzerne très haute et très drue, à laquelle il est expressément défendu de toucher.

22 SEPTEMBRE. — Le 22, dans l'après-midi, les forts de Queuleu et de Saint-Julien se mettent à tonner. Ils appuient une opération menée par le 3ᵉ corps pour se procurer du fourrage à la Grange-aux-Bois et Lauvallier.

XVIII.

Journée du 23 Septembre. — L'Aurore boréale

Le 22, au soir, on apprit que le lendemain 23, un fourrage serait exécuté par le 3ᵉ corps sur Villers-l'Orme, Vany et Chieulles, pendant que le 6ᵉ corps ferait une démonstration sur la rive gauche de la Moselle, en avant des fermes de Saint-Eloy et de Thury. Mais la division Tixier ne doit pas marcher. Ce n'est que vers 4 heures

du soir qu'on envoie 4 compagnies du 4° entre Saint-Eloy
et Les Maxes.

Cette opération ne réussit pas. L'ennemi, qui semblait
avoir été prévenu, était prêt et déploya sur les hauteurs
de Poixe, Failly et Rupigny, une douzaine de batteries.
Malgré l'appui des forts de Queuleu et de Saint-Julien,
les fourgons de fourrages revinrent vides.

Ce jour-là, notre camp et celui de la 8° furent trans-
portés à Woippy, près du château de Haute-Roche.
La 7° abandonnait le service de la batterie du Coupillon
pour faire le service de la batterie du cimetière de Woippy.

Notre changement de camp constitua un véritable démé-
nagement. Par précautions, les hommes voulurent empor-
ter, autant que possible, les matériaux composant leurs
abris, et nos officiers n'y mirent pas d'opposition. Mais
on put se convaincre que nos malheureux chevaux, qui
n'étaient plus que l'ombre d'eux-mêmes, n'avaient plus
de force et ne pouvaient presque plus traîner leurs voitures. Il était permis de se demander avec inquiétude ce
que nous pourrions faire dans le cas, de plus en plus
improbable malheureusement, où l'armée sortirait de Metz
et essaierait encore de percer les lignes allemandes.

Le soir, vers 10 heures 1/2, le ciel s'embrasa et on
crut d'abord à un incendie allumé par l'ennemi. Mais
le lieutenant Oehmichen nous assura qu'il s'agissait d'une
aurore boréale, phénomène assez fréquent en Grèce et en
Italie, mais rare en Lorraine.

XIX.

Journée du Dimanche 25 Septembre

L'attention de la batterie est attirée par un certain mouvement chez l'ennemi, du côté de Malroy et Sémécourt. Nos officiers les observent à la lunette et disent que les Allemands passent une revue.

Pour célébrer le dimanche, on nous informe que la ration de pain, qui a été progressivement abaissée à 500 grammes, puis à 300, est réduite à 250 grammes. Cette nouvelle n'est pas faite pour nous réjouir; mais ce qui nous manque le plus, c'est le sel. Le tabac, lui aussi, fait défaut, et c'est une grosse privation.

XX.

27 Septembre. — Fourrages de Colombey et des Maxes

Le 25 septembre, le bruit courut que le général Bourbaki, commandant la Garde, avait disparu. Et comme nous savions tous qu'il n'était pas toujours en complète communion d'idées avec le maréchal Bazaine, cette disparition avait quelque chose de mystérieux qui intrigua vivement toute l'armée.

Je ne me souviens plus très bien comment j'appris la nouvelle. Il me semble que c'est un homme du 4e, qui, en revenant de Metz où il avait été remplir une mission quelconque, s'arrêta à causer avec moi. Toujours est-il que la Garde elle-même ignorait ce qu'était devenu son général de division, et les versions les plus extraordinaires circulaient à cet égard. Les uns prétendaient qu'à la suite d'une altercation entre Bourbaki et Bazaine, les deux officiers s'étaient battus en duel sans témoins et que Bourbaki avait été tué. D'autres affirmaient que le chef de la Garde était détenu à l'Ecole d'Application d'Artillerie. Cette histoire devint le thème des conversations dans tous les corps depuis le 25, et j'ai toujours pensé que c'était dans le but de faire diversion, que le maréchal Bazaine prescrivait, pour le 27, une opération générale.

La brigade mixte, attachée au 2ᵉ corps et commandée par le général Lapasset, fut chargée de marcher sur Peltre et d'enlever un train de vivres que des renseignements indiquaient comme arrêté entre Mercy et Courcelles-sur-Nied. En même temps, le maréchal Lebœuf, avec une division du 3ᵉ corps, devait faire un fourrage à la ferme et au château de Colombey. Enfin, le 6ᵉ corps devait faire une sortie qui avait comme objectif le château de Ladonchamps et les Maxes.

En effet, le mouvement commence à midi, et nous voyons partir les quatre compagnies de partisans de la division.

La 5ᵉ qui attelle deux sections, place celle du lieutenant Varloud plus en avant. L'infanterie enleva à la baïonnette le village des Maxes dans lequel on trouva une grande quantité de fourrages et de pommes de terre et même quelques bestiaux qui furent ramenés malgré le tir très nourri de l'artillerie allemande.

A gauche, le 25ᵉ de ligne et les partisans des divisions Lafont de Villiers et Levassor-Sorval gagnèrent le bois de Woippy, en chassèrent les Allemands et, de là, marchèrent sur la ferme de Sainte-Agathe. C'est à ce moment que la 7ᵉ ouvrit le feu sur Ladonchamps, et, au delà, sur

Saint-Remy. Après avoir enlevé la maison du garde-bar-
rière de la voie ferrée, les partisans se lancent au pas
gymnastique sur le château de Ladonchamps dont les
Prussiens se sauvent, laissant la table chargée de mets.
Les batteries prussiennes de Saulny, de Sémécourt et de
Malroy qui avaient dirigé sur notre infanterie un feu
nourri, n'empêchèrent pas l'opération, et, outre les fourrages et denrées qui furent enlevés à Sainte-Agathe et à
la ferme de Ladonchamps, nos fantassins rapportèrent
un grand nombre de journaux. La retraite, commencée
à 2 heures, se fit par échelons sur le village de Woippy,
et nos troupes étaient de retour à 3 heures 1/2. Pour se
venger, les Prussiens incendièrent les localités où ils
avaient été attaqués, et le soir nous vîmes brûler Saint-
Baudier, Franclochamps et Les Maxes. La 7ᵉ, après son
tir pour préparer l'attaque de Ladonchamps, avait assisté
à tout le combat et avait admiré l'entrain et l'ardeur de
notre infanterie. Il était véritablement regrettable de rester enfermé dans une enceinte fortifiée au lieu d'essayer
de percer ; notre vaillante infanterie était encore en état
de le faire, même sans le concours de toute la cavalerie
et de toute l'artillerie, les unités de ces deux armes étant
considérablement diminuées.

XXI.

Dernières journées de Septembre

Ce jour-là, les 4ᵉ et 10ᵉ régiments d'infanterie font une
reconnaissance dans la direction des Maxes, à proximité
desquelles on avait remarqué la veille de nombreux
champs de pommes de terre. La récolte était bonne quand

les Prussiens ouvrent le feu. La retraite se fait, et l'opération rapporte des pommes de terre, du fourrage et
même deux vaches. La 7° n'a pas eu l'occasion d'ouvrir
le feu.

Mais le lendemain, comme les compagnies du 4° allaient
faire, toujours près des Maxes, une corvée de pommes
de terre, le capitaine fit occuper les postes pour surveiller la plaine de Thionville. A un moment donné, des déta-
chements prussiens se montrant à 1.200 mètres environ,
pour aller d'un camp à l'autre et sans la moindre pru-
dence, la batterie ouvrit le feu aussi rapidement que possible. Mais, dès le premier coup de canon, on vit tous ces
hommes s'éparpiller comme une volée de moineaux, et
nos projectiles semblèrent ne pas avoir porté.

Le soir, vers 8 heures, j'étais monté sur le parapet
écoutant les bruits des deux armées, quand le ciel s'illu-
mina. « Les sauvages ! » dit une voix derrière moi. Je
me retournai : c'était le lieutenant Oehmichen. « Regar-
« dez, me dit-il, les voilà qui brûlent les granges des
« Maxes. Ces gens-là qui se disent civilisés, portent la
« torche partout où ils passent, comme les Huns d'Attila.
« Ils ne font pas la guerre, ils font le vide ». Et bientôt,
nous vîmes les flammes dévorer la ferme d'Amelange sur
la rive gauche de la Moselle ; puis successivement Olgy,
Saint-Remy, Franclochamps s'allumèrent. Le lieutenant
et moi, nous restions silencieux. M. Oehmichen tira sa
pipe, la bourra et me passant un paquet de tabac :
« Bourrez votre pipe, Lejin ; c'est du tabac allemand.
Je l'ai acheté à un homme du 4° qui l'avait trouvé aux
Maxes ». Et, remerciant mon lieutenant, je fumai avec
délices ; depuis plus de huit jours, nous étions privés de
tabac.

Le lendemain, au petit jour, la plaine était encore couverte de fumée et le vent du Nord-Est qui soufflait nous apportait l'odeur de foin brûlé. La batterie ne tira pas ce jour-là et assista à un fourrage fait par la division de cavalerie du Barail pour enlever à Thury et aux Maxes ce que les Prussiens n'avaient pas encore brûlé. Un combat s'engagea entre les tirailleurs français et allemands et nos cavaliers se retirèrent avec des voitures chargées de fourrage, traînées par des chevaux qui paraissaient aussi épuisés que les nôtres et dont quelques-uns s'abattaient pour ne plus se relever.

XXII.

Octobre. — Combats autour de Ladonchamps

Le 1er octobre, la 7e fut prévenue que, dans la nuit, le château de Ladonchamps, occupé le 27 par nos troupes et abandonné ensuite, serait de nouveau enlevé à l'ennemi. A minuit, les postes de la batterie furent occupés et le capitaine Oster se tint prêt à ouvrir le feu. Ce furent deux bataillons de la division Levassor-Sorval, précédés par les partisans de cette division, qui se lancèrent sur l'ennemi. L'opération fut conduite dans un complet silence. En vain, nous tendions l'oreille, et si nous n'avions pas su qu'un coup de main se préparait, rien n'aurait pu nous le faire soupçonner. A une heure du matin seulement, quelques coups de fusil éclatèrent dans la nuit, suivis immédiatement de cris, de vociférations au milieu desquels on distinguait le « A la baïonnette ! » de nos fantassins. Puis, le silence se fit de nouveau, et on vit seulement de nombreuses lumières circuler dans le château et tout autour.

Vers une heure du matin, la fusillade reprit, très vive, et le capitaine nous dit que ce devait être un retour offensif de l'ennemi. Mais, dans la nuit, il ne nous était pas possible d'ouvrir le feu, et il nous fallut attendre, prêtant l'oreille aux bruits qui nous arrivaient de Ladonchamps, et cherchant à deviner ce qui se passait dans les ténèbres.

Au bout d'une heure, tout se calme; mais au point du jour, un troisième essai de retour de l'ennemi se produit, et la fusillade reprend. Le capitaine Oster et le lieutenant Oehmichen, la lunette aux yeux, observent le combat; on est prêt à tirer, mais les objectifs sont trop éloignés ou trop fugitifs pour que nous puissions placer nos obus.

Le fort de Saint-Julien et le fort de Plappeville envoient à l'ennemi leurs énormes projectiles. Vers midi, l'action s'éteint; les Prussiens ont échoué dans leurs tentatives de reprise de Ladonchamps et nos fantassins peuvent s'y fortifier.

« Regardez, nous dit le capitaine Oster; voici les Prus-« siens en retraite; ils vont se venger à leur façon en « brûlant quelques fermes. » Cette prédiction ne tarda pas à se réaliser, et bientôt la plaine de Thionville se couvrit de la fumée produite par l'incendie de la ferme de Sainte-Agathe et d'autres maisons à droite de la route.

Les jours suivants, les Prussiens recommencèrent leurs tentatives. Leur infanterie esquissa une attaque de notre division Tixier, mais fut repoussée. Une batterie prussienne, près de Sémécourt, couvrit de projectiles le malheureux château de Ladonchamps dans le parc duquel nos camarades de la 12ᵉ construisaient une batterie pour quatre pièces de 12.

Le 5 octobre, vers le soir, des batteries allemandes vinrent s'établir en arrière de Saint-Remy et ouvrirent sur Ladonchamps un feu des plus violents. Pendant que la 5ᵉ et la 8ᵉ attelaient et se portaient en avant, nous prenions sous notre feu une batterie établie à 3.200 mètres. Le feu de la 7ᵉ fut extrêmement précis, car nous vîmes nettement deux pièces ennemies démontées et un caisson éclater. La batterie disparut presque aussitôt. Le capitaine félicita les pointeurs et leur serra la main.

J'appris le lendemain que la canonnade ennemie avait coûté la vie à un de mes camarades de la 12ᵉ, Leclerc, 1ᵉʳ conducteur.

Le 6, la canonnade reprit, mais sans que la 7ᵉ ait eu l'occasion de tirer.

Le 7, la batterie fut informée qu'un fourrage allait être tenté sur les deux fermes des Grandes et des Petites-Tapes, ainsi que sur les villages de Bellevue et Saint-Remy. L'opération devait être menée par le 6ᵉ corps soutenu par la division des voltigeurs de la Garde. C'était encore devant nous que l'action allait s'engager si les Prussiens opposaient, comme il fallait s'y attendre, de la résistance. Les ordres n'étant parvenus qu'assez tard, vers midi, ce n'est que vers une heure que nous vîmes les troupes franchir les lignes.

D'ailleurs, ce n'est qu'à ce moment que le soleil parvint à percer un brouillard épais qui avait, toute la matinée, couvert la vallée. Le combat commença entre les Maxes et Franclochamps, et les batteries prussiennes établies à Fèves et à Semecourt ouvrirent bientôt le feu. Nous dis-

tinguons sur la rive droite de la Moselle, une autre batterie placée entre Argancy et Malroy. Les voltigeurs de la
Garde ont dépassé Saint-Eloy et Thury, puis Les Maxes,
et marchent sur Franclochamps. Nous voyons le 9ᵉ bataillon de chasseurs tirailler à hauteur de Malroy. Les Grandes-Tapes sont enlevées par les voltigeurs, et les Petites-
Tapes par le 10ᵉ de ligne, pendant que les chasseurs à
pied de la Garde s'emparaient de Bellevue. A gauche, notre
infanterie était à hauteur de Norroy-le-Veneur. Il était
3 heures, et la 7ᵉ était obligée d'assister, impuissante, à
cette affaire, sa position ne lui permettant pas d'intervenir
efficacement. Le combat dura toute la journée, puis,
vers 7 heures, nous vîmes nos troupes revenir avec de
nombreux prisonniers prussiens que l'on regardait avec
curiosité.

Il nous sembla que le but de l'opération n'était pas
atteint puisqu'on n'avait pas réussi à ramener du fourrage et que nous avions perdu un certain nombre de tués
et de blessés. Nos sous-officiers étaient furieux de ne pas
avoir pu tirer un coup de canon et disaient que ce n'était
pas la peine de compter dans une batterie montée pour
faire « l'écrevisse de rempart ». Quant à nos officiers,
toujours calmes, ils gardaient le silence.

Le 8 octobre, quand je me réveillai, le temps était
gris et la pluie commençait à tomber. Le temps a toujours eu une influence sur mon état d'âme. Le soleil me
donne de la gaîté, et la pluie de la tristesse; et j'avais
constaté que beaucoup de mes camarades éprouvaient la
même chose. Ce matin-là, en songeant que le combat de
la veille avait été inutile et sans résultat, en voyant l'état
misérable où nous étions plongés, l'estomac vide, je fus
pris d'un découragement profond. Mon père m'avait dit

maintes fois que je ne devais jamais me laisser aller au désespoir, même dans les situations les plus pénibles. J'avais sous les yeux l'exemple de mes officiers, de la bouche desquels jamais une plainte n'était sortie; j'avais vu, la veille encore, l'infanterie se battre avec un entrain et un courage merveilleux. Je me levai et cherchai une distraction. Je la trouvai en rencontrant un camarade de la 12ᵉ venu porter un pli au commandant Vignotti. Il me raconta la phase du combat de la veille à Ladonchamps. A 10 heures du matin, une pluie d'obus s'était abattue sur le château et la batterie, lancée par une batterie allemande en arrière de Sémécourt. Un obus de 12 éclatant en gerbe entre les deux pièces du centre, était venu tuer l'adjudant Carroy et les deux servants Colin et Perrin. Cinq autres canonniers avaient été blessés et l'un d'eux, Lévêque, était mort ce matin. On s'attend à une nouvelle attaque de la part des Allemands qui semblent tenir énormément à la position de Ladonchamps. C'est, me dit le camarade, la 5ᵉ qui va aller relever la 12ᵉ pour le service de la batterie du parc.

Le 9, l'après-midi, par la pluie, nous voyons passer une batterie de mitrailleuses et une batterie de 12 qui vont prendre position à Ladonchamps.

A 3 heures, nous prenons nos postes, et les batteries allemandes de Sémécourt ne tardent pas à ouvrir un feu violent sur le château. Mais tout se borne là, et l'infanterie prussienne ne paraît pas; elle semble se soucier fort peu d'un combat, ayant fait l'expérience de l'énergie de nos fantassins, malgré la misère dans laquelle ils sont.

Ce qui est particulièrement énervant, c'est de ne pas savoir ce qui se passe en France, si les armées qui se formaient pour venir à notre secours ont pris contact

avec l'ennemi, si des combats ont été livrés et quels en
sont les résultats ? En attendant, nous sommes dans la
disette. La ration de pain ou de biscuit a été réduite à
300 grammes. Nous touchons, il est vrai, 750 grammes
de viande de cheval, et une indemnité de 37 centimes
par jour. Mais l'argent ne sert à rien, puisque nous ne
pouvons acheter, même à prix d'or, du sel, qui a complètement disparu. Et cette viande provenant de chevaux
épuisés, cuite sans assaisonnement, est d'une fadeur
extrême.

Indépendamment des chevaux qui sont livrés quotidien-
nement à la boucherie, beaucoup de ces animaux meu-
rent de coliques et presque chaque matin nous en trou-
vons qui sont morts dans la nuit. Nous ne touchons, pour
nourrir ce qui reste, que des graines de colza, de minette
et de sorgho en quantité infime et un peu de son. Tous
les arbres des environs, les vignes, ont été dépouillés de
leurs feuilles, et l'herbe, depuis longtemps piétinée, a
disparu sous la boue. Je ne sais plus quoi faire pour
trouver de quoi soutenir les forces de mon pauvre *Camail*
qui n'a plus que la peau sur les os et ne peut presque
plus se tenir debout. Et c'est une grande tristesse pour
moi, de voir venir le moment où, comme tant d'autres,
il sera envoyé à l'abattoir.

Dans la nuit du 9 au 10, nous sommes réveillés par le
canon et la fusillade de Ladonchamps. C'est la 8ᵉ qui
est de garde. La 5ᵉ, la 8ᵉ et la 12ᵉ font, à tour de rôle, ce
service de garde qui est de 24 heures en deux détache-
ments relevés de 12 en 12 heures. Chaque détachement
se compose d'un officier, 2 sous-officiers, 2 brigadiers et
25 hommes, sous la surveillance du capitaine commandant la batterie.

Nous distinguons le canon des forts qui répond aux batteries prussiennes de Sémécourt; mais au bout d'une heure, tout rentre dans le calme; la pluie tombe toujours.

Le 11 octobre, une nouvelle circule dans les camps : les armées françaises ont remporté sous Paris une série de victoires. Après de fortes pertes, les Prussiens se sont mis en retraite sur Châlons. Un corps de francs-tireurs a repris Lunéville et marche sur Nancy.

La pluie a cessé et le soleil se montre, en même temps que la nouvelle circule. Les hommes commentent le texte de cette dépêche qui semble authentique puisqu'elle est affichée, nous dit-on, à Metz. Le capitaine Oster nous dit que le fait doit être vrai et qu'il faut espérer. Si nous pouvons tenir quelque temps encore, même au prix des plus grandes souffrances, nous serons délivrés, et l'armée de Metz aura bien mérité de la Patrie. L'espoir renaît. Dans la journée, les servants et les conducteurs démontés des 5ᵉ, 7ᵉ et 8ᵉ reçoivent des chassepots, ce qui semble bien affirmer la possibilité d'un suprême combat.

Le 12, la 7ᵉ prend la garde à Ladonchamps. A force de recevoir les obus prussiens de Sémécourt, le château n'est plus qu'une lanterne et les sous-sols restent seuls à peu près habitables. Le parc n'a pas été épargné et les arbres sont décimés par les projectiles. Une véritable couche de morceaux de fonte couvre le sol. Toute la journée, terrés autour des pièces, nous observons les batteries de Sémécourt et de Malroy, qui nous envoient, avec une régularité merveilleuse, deux coups de canon chaque quart d'heure, sans d'ailleurs nous faire de mal. Dans la plaine, se voient encore des cadavres prussiens, restés là depuis cinq jours.

XXIII.

13 Octobre. — Armistice. — Mort de " Camail ".

Le jeudi 13 octobre, un calme complet régna dans les batteries comme aux avant-postes. Un armistice avait été conclu pour permettre d'enterrer les morts des derniers combats, dont beaucoup étaient restés sans sépulture. Il semblait que quelque chose nous manquait, et ce quelque chose n'était autre que la canonnade et la fusillade auxquelles nous avions fini par nous habituer, et qui avaient encore duré toute la nuit.

J'apprends par le maréchal des logis chef qu'on a demandé à tous les corps une situation de tous les hommes en état de combattre, ce qui semble indiquer un projet de sortie. Mais quand veut-on l'effectuer ? Quel sera le rôle des batteries, incapables d'emmener des canons, puisqu'elles n'ont plus de chevaux. Nous serons réduits à nous battre à pied. Nous causons de tout cela entre camarades, et je constate que le nombre des sceptiques augmente de jour en jour. La capitulation de l'armée de Mac-Mahon, à Sedan, a frappé les hommes et nombre d'entr'eux demandent si notre sort ne sera pas le même. Les bruits de victoire sous Paris n'ont pas été confirmés. Et le temps triste et pluvieux ne contribue pas à nous faire voir l'avenir en rose.

Le soir, en allant donner des soins à mon cheval, je trouve le pauvre animal agité de tremblements. Il frappe le sol de son sabot, trépigne, s'agite et se roule dans la boue. Ce sont les coliques, ce mal auquel ont déjà succombé plusieurs de nos chevaux, et qui est dû à la mau-

vaise nourriture et aux intempéries. Je cours chercher
l'aide-maréchal Dubois, et à nous deux nous friction-
nons vigoureusement *Camail* avec de l'essence de téré-
benthine. J'essaie ensuite de le faire marcher, mais au
bout de quelques pas, et malgré mes efforts, il se couche et se refuse à se lever. Des hommes viennent m'aider,
mais je constate bientôt les symptômes de la fin. Le poil
de *Camail* est trempé de sueur, la respiration se ralentit
et, après une dernière ruade, la mort vient. Alors l'énervement auquel je suis en proie depuis si longtemps ne
peut plus se contenir, et j'éclate en sanglots à côté de
ma monture. Et ce n'est pas seulement *Camail* que je
pleure. C'est le temps où la batterie intacte et puissante
trottait sur les routes et dans les champs derrière le commandant Vignotti et le capitaine Oster. Si je pleure, c'est
de rage en nous sentant cernés sous Metz, sans une tentative sérieuse pour percer les lignes ennemies. Si je
pleure, c'est de désespoir à l'idée que, demain, peut-être,
nous serons livrés aux Allemands, et que, vainqueurs à
Rézonville, nous serons vaincus sans bataille. Soudain,
une main se posa sur mon épaule. Je me retournai vivement : c'était le capitaine Oster. « Vous êtes un brave
« garçon, Lejin, me dit-il. Je savais que vous aimiez
« votre cheval et que vous en aviez le plus grand soin. Il
« a succombé aux privations, comme nous pouvons suc-
« comber à notre tour si on nous laisse ici quelque temps
« encore. Et nous devons être prêts à faire le sacrifice
« de notre vie. Evidemment, ce n'était pas ainsi que nous
« pouvions compter mourir. Nous avions le droit d'espé-
« rer la mort sur le champ de bataille, la mort glorieuse
« apportée par une balle ou un éclat d'obus, au lieu
« d'une fin piteuse sur le grabat de l'ambulance. Mais

« nous n'avons pas à choisir, et, en vrais soldats, en
« vrais artilleurs, nous devons accepter tout sans mur-
« murer. C'est pour la France que nous souffrons ! »

Et mon capitaine, me serrant la main, s'éloigna.

XXIV.

14 Octobre. — Vains espoirs.

Le vendredi 14 octobre, un fait bizarre se produisit.
Vers 4 heures du soir, alors qu'après avoir fait l'exercice
du chassepot et avoir conduit paître nos derniers chevaux, nous rentrions au camp en pataugeant dans la boue,
nous entendîmes distinctement une canonnade très loin-
taine dans la direction de l'Ouest. Le détachement dont
je faisais partie, s'arrêta pour écouter. Avions-nous été
le jouet d'une illusion ? Non, car nombreux étaient ceux
qui avaient entendu. Et de nouveau ce bruit que nous
connaissions si bien, nous parvint. Ce fut une lueur d'espoir. L'adjudant Beulac fit reprendre la marche, pressé
de savoir ce qu'on en pensait à la batterie. N'était-ce pas
l'armée de secours tant désirée qui arrivait ? Allions-
nous, enfin, livrer le combat furieux qui briserait le cercle d'investissement et nous jetterait vers nos frères
d'armes ?

Au camp, tout le monde, officiers, sous-officiers et
canonniers avait entendu comme nous et on discutait les
hypothèses les plus variées. Sans lever le camp, on fit ces
mille préparatifs qui permettent le départ rapide, et, cette
nuit-là, on ne dormit guère. Ce qui diminua l'espoir de
certains, c'est que, malgré la nuit, le bruit se continuait,

et il n'était pas probable qu'une bataille se prolongeât
par une nuit pluvieuse et parfaitement noire.

15 OCTOBRE. — Le lendemain matin, la canonnade
s'entendait toujours dans la même direction et sans augmenter de netteté. L'enthousiasme diminua, et, le soir,
on sut par les rapports des avant-postes que le canon
entendu était celui des Prussiens qui bombardaient Verdun. Il n'était pas question de secours : nous allions
continuer notre lente agonie dans le cloaque des camps.

Dans l'après-midi, nous voyons venir le maréchal Canrobert à pied, accompagné seulement de son chef d'état-
major, le général Henry. Il passe lentement au milieu des
tentes, interrogeant d'une façon toute paternelle sous-officiers et canonniers. Il s'informe de notre situation sani-
taire, de notre nourriture, et recommande de ne pas toucher aux vivres de réserve.

Le commandant du 6ᵉ corps inspire confiance à tous et
nous nous demandons si, lui commandant en chef, nous
en serions où nous en sommes.

Le lendemain, 16, à l'appel d'une heure, on nous lut un
ordre du corps d'armée. Le maréchal Canrobert disait
que la France envahie résistait avec acharnement pendant que, depuis plus de deux mois, nous arrêtions deux
cent mille hommes, que la France avait les yeux sur nous
et que nous devions continuer à nous montrer dignes
d'elle.

Et nous souffrons, et nous attendons, sans espoir.

XXV.

L'Agonie.

Les jours suivants, le temps est épouvantable, et notre existence est d'autant plus triste que canons et fusils restent silencieux. Un armistice tacite semble conclu. Aux avant-postes, au lieu de balles, Français et Allemands échangent des conversations, malgré la défense formelle qui en a été faite. Les Prussiens n'ont plus intérêt à livrer des combats qui leur coûtent du monde : ils attendent le moment où ils auront raison de nous par la famine.

Cette situation ne peut plus se prolonger longtemps. La ration de pain est tombée à 170 grammes, et nous n'avons plus que du café et de la viande de cheval. De plus, nous savons maintenant bien des choses qu'on nous avait cachées avec soin. Le général Bourbaki n'était ni tué en duel par Bazaine, ni prisonnier. Il était parti chargé d'une mission auprès de l'Impératrice. Le général Boyer a été envoyé à Versailles avec le consentement des Prussiens, et il est revenu en apportant de mauvaises nouvelles. Le maréchal Bazaine serait, dit-on, décidé depuis longtemps à une capitulation et ne retarderait cette échéance que pour démontrer à ses commandants de corps d'armée que toute résistance est devenue impossible. On dit, dans les camps, que plusieurs fois, depuis le commencement du blocus, le maréchal Bazaine a franchi nuitamment la ligne des avant-postes pour aller s'entretenir avec le prince Frédéric-Charles, commandant en chef les forces assiégeantes.

Toutes ces nouvelles, les hommes se les répètent à voix

7

basse, et il règne, même dans nos batteries, je ne sais quelle atmosphère de défiance. Depuis plusieurs jours, nous ne voyons plus ni le lieutenant-colonel de Montluisant, ni le commandant Vignotti, qui venaient jusqu'à présent nous encourager par leur présence. Le capitaine Oster et le lieutenant Oehmichen passent une partie des journées ensemble et paraissent aussi tristes l'un que l'autre.

D'ailleurs, il est évident que toute lutte est devenue impossible. Plus de chevaux, et des hommes si faibles qu'ils ne fourniraient pas deux étapes sans laisser la moitié de l'effectif sur la route. Et, le 2 octobre, nous voyons désarmer la batterie de 12 du parc de Ladonchamps. Nous apprenons que plusieurs batteries des différentes divisions ont versé leur matériel à l'arsenal.

Enfin, la ville de Metz, dont l'entrée nous était interdite, offre, paraît-il, l'aspect le plus lamentable. Les blessés et les malades encombrent les hôpitaux, et le chiffre des décès quotidiens est considérable, aussi bien dans la population que dans les troupes. Les Messins qui, si longtemps, ont prodigué leurs soins à nos blessés et à nos malades avec un dévouement de tous les instants, sont entrés en conflit avec le général Coffinières, gouverneur de Metz, au sujet du partage des vivres.

Tout cela, les hommes le disent ouvertement. Ce ne sont plus de vagues bruits, mais des faits certains que tout le monde répète sans crainte de démenti.

24 Octobre. — Le 24 octobre, la pluie tombe toute la journée comme elle est tombée toute la nuit, c'est-à-dire torrentiellement. Pour nous sécher, nous n'avons plus de bois sec, mais seulement des branches vertes qui produisent une fumée épaisse. Autour des feux, nous grelottons,

les yeux rougis par la fumée, commentant les bruits de
traité avec l'ennemi. On prétend que l'armée s'éloigne-
rait avec armes et bagages, après engagement de ne plus
servir contre l'Allemagne ; notre rôle serait désormais le
rétablissement de l'ordre compromis sur plusieurs points
du territoire français. D'autres disent que les Prussiens
comprenant l'impossibilité où nous sommes de livrer combat, exigent une capitulation comme celle de Sedan.

Le capitaine réunit tout le personnel de la batterie et
prend la parole. Il nous dit que la situation est grave,
qu'il ne sait pas encore quelle sera la solution, mais que,
quelle qu'elle soit, il nous demande de l'accepter avec la
résignation et la discipline de soldats qui ont toujours
servi avec dévouement et abnégation, et auront droit à
l'admiration de tous.

Nous livrons encore plusieurs chevaux à la boucherie.
Trois autres sont morts dans la nuit.

25 Octobre. — Le 25, on ne nous distribue ni pain, ni
biscuit. Le temps est toujours le même, sauf qu'indépendamment de la pluie, nous avons à subir un ouragan ter-
rible. Malgré nos efforts, il n'est plus possible de main-
tenir nos tentes, que le vent arrache, déchire, met en
miettes. Les arbres se tordent et se brisent. Puis, comme
une traînée de poudre, le bruit se répand qu'un conseil
de guerre vient d'être tenu et que le général Jarras, chef
d'état-major général, vient d'être chargé de traiter avec
l'ennemi et de signer une convention militaire par laquelle
l'armée française, vaincue par la famine, se constitue
prisonnière de guerre. C'est la fin. La douleur se manifeste chez mes camarades suivant le tempérament de
chacun. Les uns pleurent comme des enfants, les autres
maudissent le maréchal, le sort, le temps. D'autres res-

tent taciturnes et comme hébétés. Nos officiers vont de
groupe en groupe, nous exhortant au courage et à la résignation. Et la nuit vient, rendant l'ouragan plus horrible
encore.

27 OCTOBRE. — Le 27, la pluie continue. Depuis plusieurs jours, je n'ai pu arriver à sécher les haillons qui
sont ce qui reste de mon uniforme. Comme presque tous
les hommes de la batterie, je tousse à fendre l'âme, et
la souffrance physique vient s'ajouter à la douleur mo-
rale. Je songe à une évasion; mais comment la réaliser ?
Partir revêtu de mes vêtements militaires n'est pas possible. Les Allemands vont redoubler de surveillance et la
traversée de leurs lignes est un problème insoluble. Il me
faudra donc rester avec mes camarades, et continuer à
partager leur misère.

XXVI.

La Capitulation.

28 OCTOBRE. — C'en est fait. Toutes les troupes savent
maintenant que la capitulation a été signée par le général
Jarras et un général prussien nommé von Stiehle. On ne
sait pas encore quels sont les termes de la convention,
mais ce qui est certain, c'est que les armes seront ren-
dues à l'ennemi; quant à nous il paraît que nous serions
licenciés et renvoyés dans nos foyers en attendant la fin
de la guerre. Mais alors, si nous sommes renvoyés chez
nous, exigera-t-on l'engagement d'honneur de ne pas aller
servir dans les armées récemment levées ? Serons-nous
soumis à une surveillance de la part de l'ennemi ? Nous

discutons ces diverses questions quand le chef vient nous
prévenir que le matériel sera remis, ce jour même, à
l'arsenal de Metz. Et à 2 heures, ce qui reste de chevaux dans les trois batteries est réuni et attelle les canons
et caissons. Il ne nous restera plus que la voiture à bagages. Tel est l'état d'épuisement des animaux qu'il ne faut
plus songer à les monter. Tout ce qu'ils peuvent faire,
c'est de traîner le matériel. Le capitaine et le lieutenant
marchent en tête de la batterie, les conducteurs à pied,
menant les chevaux par la bride et les soutenant quand
ils buttent. N'est-ce pas un convoi funèbre que celui-ci ?
Des hommes vêtus de haillons sordides conduisant des
rosses efflanquées : voilà tout ce qui reste de la belle
7ᵉ qui, trois mois auparavant, quittait La Fère avec tant
d'entrain et d'espoir.

A l'arsenal, le parc est formé pour la dernière fois, et
nous déposons nos armes; le capitaine se fait donner un
récépissé du tout et nous reprenons tristement le chemin
du camp. Demain, nous quitterons ce lac de boue. Je
reverrai Pont-Saint-Vincent, mais je trouverai le village
occupé par les Prussiens, la maison paternelle envahie
par l'ennemi. Et, malgré le désir de retrouver ceux qui
me sont chers et dont je suis sans nouvelles, je vois venir
avec appréhension ce moment. La tête basse, silencieux,
nous marchons sur le terrain défoncé, inquiets de savoir
si nous pourrons manger avant de dormir une dernière
nuit dans notre cloaque.

Mais au camp, le lieutenant-colonel de Montluisant et
le commandant Vignotti nous attendent. Et qu'appre-
nons-nous ? Le lendemain 29, à 11 heures du matin, toutes les troupes du 6ᵉ corps doivent se rendre à Ladonchamps pour y être livrées à l'ennemi.

L'armée ne sera donc pas licenciée; elle est prisonnière
de guerre. Nous nous étions leurrés d'un chimérique
espoir. C'est la honte, la honte complète. Alors, nous don-
nons libre cours à notre désespoir, et, déprimés comme
nous le sommes, par les privations et les souffrances mo-
rales et physiques, nous pleurons comme des enfants. Ne
jamais désespérer ! Mais mon père, en me faisant cette
recommandation, pouvait-il prévoir l'affront que nous
devions subir ? Comment ne pas désespérer en face de la
perspective de la captivité ?

En vain, nos officiers nous sermonnent, cherchant à
nous rappeler au sentiment de la dignité. Ce ne sont plus
des canonniers, mais des enfants qu'ils ont sous leurs
ordres. Nos vieux sous-officiers, chevronnés et médaillés,
qui ont été pour nous des modèles et des sujets d'admiration, pleurent maintenant comme nous. Le lieutenant
Oehmichen, farouche, ne desserre pas les dents. Le capitaine Oster ne peut plus articuler ses mots et bégaie
comme un homme ivre.

Et tout à coup, à Metz, retentit le tocsin. C'est le glas
funèbre de la vieille cité qui, demain à midi, cessera
d'appartenir à la France et ouvrira ses portes aux Prussiens.

Ce soir-là, bien que l'estomac vide, je ne pus avaler
la pauvre galette de farine qui constituait ma pitance.
Les bouchées s'arrêtaient dans ma gorge contractée.

Nous brûlons nos derniers morceaux de bois, les matériaux qui nous ont servi à nos gourbis, et nous passons la
nuit accroupis autour des feux dont les rafales de vent
dispersent les cendres en nous enveloppant de fumée.

XXVII.

La Captivité

29 Octobre. — Quand paraît l'aube, pour la première fois, nous n'entendons pas la diane, sonnée jusque-là dans tous les corps. Ma trompette est restée à l'arsenal avec mon sabre. Il me semble que je ne suis plus soldat. Je suis un misérable loqueteux qui grelotte. J'ai encore vingt-cinq francs dans ma poche et je ne peux rien acheter pour me nourrir. Et tout à l'heure, pauvre bétail humain, je serai, avec mes camarades, livré aux Prussiens et dirigé sur l'Allemagne. Où sont nos rêves de victoire et de triomphe ? Que maudit soit celui qui est responsable de ce désastre !

A midi, nos officiers nous font mettre en rangs, et, par quatre, nous prenons la route de Thionville pour nous rendre à Ladonchamps. Ce n'était pas la peine de tant lutter et de tant faire tuer de pauvres diables pour la possession de cette belle propriété, maintenant lamentablement dévastée !

Les Prussiens y sont rentrés, sans combat, et c'est là que, sous la pluie battante, la 7ᵉ va finir sa campagne.

A proximité du château, les Prussiens nous attendent, alignés le long de la route, infanterie d'un côté, cavalerie de l'autre. Ces gens, bien vêtus, gros et gras, nous regardent avec dédain. Au loin, vers Franclochamps et les Grandes-Tapes, des troupes allemandes sont massées. L'état-major prussien s'est placé à côté du petit pont de

bois jeté sur le fossé du château. C'est là que nous nous
arrêtons, et que le capitaine Oster et le lieutenant Oehmichen nous font leurs adieux.

Le lieutenant-colonel et le commandant sont aussi là.
Ils nous saluent, puis, le capitaine veut parler : « Mes
« amis, c'est ici que nous nous quittons. Nous allons
« partir en captivité, mais nous n'avons même pas la
« consolation de partir avec vous. Merci de ce que vous
« avez souffert pour la France, pour le 8ᵉ régiment.
« Des jours meilleurs luiront.... » mais sa voix s'étran-
gle et nous voyons cet énergique soldat, si beau au feu,
si insouciant du danger, si maître de lui jadis, éclater en
sanglots. Il passe devant nous, suivi du lieutenant; nos
officiers serrent affectueusement les mains qui se tendent
vers eux, puis, brusquement ils s'éloignent sur la route,
vers le camp, où ils vont passer une dernière nuit.

Ce soir-là, après une attente de trois heures qui nous
parurent trois siècles, enfoncés jusqu'aux genoux dans la
boue, nous fûmes dirigés entre deux haies de baïonnettes,
sur Maizières-les-Metz, à 5 kilomètres de Ladonchamps, et
on nous mit dans les champs, entre le village et le château de Brieux.

Je ne puis pas dire qu'on campa, puisque nous n'avions
plus de tentes. On nous entoura de soldats prussiens et il
nous fallut passer la nuit sans abri sous la pluie, étendus sur le sol détrempé. Les hommes des 5ᵉ et 8ᵉ batteries
étaient avec nous. Les Prussiens nous donnèrent du pain
noir et des tablettes d'une substance qui imitait le café.
Quelques-uns d'entre nous avaient emporté dans leur
musette leur gamelle individuelle et on put, avec bien du
mal pour se procurer du bois, avaler une boisson chaude.
La pluie tomba toute la nuit ; le matin, beaucoup de nos

camarades étaient malades et dans l'impossibilité de marcher.

30 Octobre. — Dès le matin, il fallut nous lever et nous mettre en marche.

On reprit la direction de Metz pour aller de Saint-Julien à Sainte-Barbe. L'étape, qui n'était cependant pas considérable, fut un long supplice. Non seulement nous étions ruisselants d'eau, mais nos chaussures étaient dans un état lamentable et la marche était devenue douloureuse. Les semelles de mes bottes baillaient et je dus couper des lanières dans le bas de ma chemise pour lier mes semelles qui menaçaient de m'abandonner. La colonne avait un aspect indescriptible. Neuf hommes sur dix étaient atteints de la dysenterie et s'arrêtaient continuellement malgré les cris et les jurons des sous-officiers allemands. Quelques canonniers se couchèrent et refusèrent de se lever malgré les coups de crosse. Il fallut bien les abandonner. Enfin, dans l'après-midi, on arriva exténués à Sainte-Barbe, ce village au Nord-Ouest de Metz, qui avait été l'objectif des combats du 26 septembre et du 1er octobre. Le campement fut le même qu'à Maizières et on coucha à la belle étoile, après avoir touché un pain pour quatre.

Il est permis de se demander comment les évasions dans ces conditions ne furent pas plus nombreuses. Quelques hommes avaient disparu du camp de Maizières ; mais seuls pouvaient avoir des chances de réussir ceux qui se procuraient des vêtements civils, et c'était une grande difficulté. Je n'avais pas, pour ma part, renoncé à mon projet d'évasion, mais j'étais dans un tel état de faiblesse que je me traînais et que je n'aurais pas manqué d'être repris. Arrivé à l'étape, et dès que j'avais dévoré ma maigre pitance, je tombais sur le sol et je dormais d'un sommeil de brute.

31 OCTOBRE. — Notre troisième étape ne put pas être longue, car nous ne pouvions presque plus nous mouvoir. Aussi la colonne fut-elle arrêtée aux Etangs. Ce ne fut qu'à six heures du soir qu'on nous distribua du pain et de la viande salée qui excita terriblement notre soif. Comme il n'y avait pas de source à l'endroit, il fallut boire l'eau qui stagnait dans les sillons, régime qui n'était pas fait pour guérir la dysenterie.

1er NOVEMBRE. — La pluie avait cessé et le temps s'était mis au froid. Le matin, au réveil, on constata la mort de plusieurs hommes dont les corps restèrent sur place. Et la marche reprit vers Sarrelouis. Ce jour-là, je fus atteint, comme tant d'autres, de la dysenterie, qui me rendit de plus en plus faible. Nos vieux sous-officiers étaient plus malades que nous et ne continuaient à marcher que grâce à une énergie surhumaine. Les Prussiens qui nous accompagnaient étaient parfois pris de pitié pour tant de misère et quelques-uns donnèrent du tabac à ceux d'entre nous qui étaient encore capables de fumer. Enfin, soutenus par l'espoir de voyager en chemin de fer, nous arrivâmes à Sarrelouis, où nous fûmes parqués comme des moutons dans une dépendance de la gare. A dix heures du soir seulement, on nous entassa dans des wagons à bestiaux qui n'avaient pas été désinfectés et répandaient une odeur épouvantable, et à 3 heures du matin, on nous débarquait à Trêves.

Il est impossible de se faire une idée de la saleté repoussante dans laquelle nous étions plongés. Hideux de crasse, couverts de vermine, les débris de nos pantalons de cheval cuirassés de boue, nous nous dégoûtions mutuellement, et des porcs n'auraient pas voulu monter dans les wagons que nous quittions.

De Trêves, la colonne de prisonniers fut dirigée sur le village de Gerolstein, jolie localité située à 56 kilomètres de Trêves, dans une vallée dominée par des collines très escarpées. Je ne connaissais ce village que de nom, pour avoir vu jouer à Paris, pendant l'Exposition de 1867, l'opéra-bouffe d'Offenbach : « *La Grande Duchesse de Gerolstein* », qu'incarnait une actrice d'une grande beauté, Hortense Schneider. Je me souvins que ce soir-là, aux Variétés, on m'avait montré le comte de Bismarck dans une baignoire, accompagné de l'attaché militaire français à Berlin, le colonel Stoffel.

Pour gagner ce village, on nous fit marcher de 6 heures du matin à 6 heures du soir, logeant chez l'habitant et ne recevant de vivres que ceux que nos hôtes voulaient bien nous donner. Cependant, je dois dire que les Allemands ne purent s'empêcher d'avoir pitié de notre profonde misère et ne se firent pas prier pour nous donner de quoi nous réconforter, c'est-à-dire du lard et des pommes de terre. Grâce à mes économies, je pus boire quelques verres d'excellente bière. Quand j'arrivai à Gerolstein, j'étais moins malade et je supportais assez bien les fatigues de la route malgré l'état de complète usure de mes bottes.

A Gerolstein, la 7e fut embarquée, ainsi que la 5e et la 8e, en chemin de fer à destination de Dantzig. Le voyage dura quatre jours et cinq nuits, par un froid qui nous fit beaucoup souffrir, nos haillons ne pouvant plus nous protéger.

Enfin, le 9 novembre, nous arrivions à Dantzig, sur la

rive gauche de la Vistule, à 7 kilomètres de l'embouchure
de ce fleuve dans la mer Baltique.

Que de souvenirs s'attachaient à cette place ! Si, en
1807, elle avait capitulé, livrant au maréchal Lefebvre les
14,000 Prussiens et les 4.000 Russes qui la défendaient,
ce n'avait été qu'après cinquante et un jours de tranchée
ouverte. Si sept ans après, Dantzig devenue française et
défendue par le général Rapp avait encore capitulé, son
défenseur n'avait livré aux Russes que 5.200 hommes
après huit mois de blocus et quatre mois de siège.

Et cinquante-six ans après, des soldats français ren-
traient dans la place, mais prisonniers de guerre et à
demi-morts de privations et de misères.

On nous caserna sous la garde de l'infanterie prussienne, dont les hommes étaient, en général, des malin-
gres jugés trop faibles pour faire la campagne.

La façon dont nous fûmes logés et nourris laissait évidemment à désirer. Nous recevions de la colle de farine,
du pain noir, et de la viande deux ou trois fois par
semaine. On ne songea pas à nous donner des vêtements,
et il fallut raccommoder tant bien que mal nos vieux uniformes troués comme le manteau de Don César de Bazan.
Les sous-officiers partageaient notre chambrée et cou-
chaient, comme nous, sur la paille. Grâce à leur robuste
constitution, et surtout à ce moral admirable qui faisait
d'eux de merveilleux soldats, les plus malades s'étaient
remis, et ils s'attachaient à nous rendre une espérance
que presque tous nous avions perdue.

Dans la journée, nous étions employés à nettoyer la
ville, à casser la glace et à balayer la neige. « Travail-
« lons, nous disait l'adjudant Beulac; si nous restons
« oisifs, c'en est fait de nous. Ce n'est que par l'activité

« que nous échapperons aux maladies, aux rhumatismes
« et à tous les maux qui nous guettent. Il s'agit de sau-
« ver notre peau et de la rapporter en bon état au 8°, qui
« en aura besoin pour le jour de la revanche ».

Et en travaillant « pour le roi de Prusse », nous répé-
tions : « Ils auront la graisse, mais ils n'auront pas la
peau ! »

XXVIII.

La Paix

Nos gardiens nous communiquaient volontiers les journaux allemands, et comme un certain nombre d'entre nous
lisaient couramment cette langue, nous fûmes tenus au
courant de ce qui se passait en France. Nous eûmes des
lueurs d'espoir en apprenant les efforts des armées de
province créées par Gambetta. Puis les mauvaises nouvelles se succédèrent jusqu'à l'armistice, et on apprit enfin
la signature de la paix fêtée par les Prussiens, qui pavoi-
sèrent et tirèrent le canon. Et ce fut une stupeur, quand
on sut les conditions de cette paix signée le couteau sur
la gorge. Deux de nos plus belles provinces et cinq mil-
liards ! Plusieurs Alsaciens ou Lorrains, en apprenant
qu'ils étaient devenus prussiens, voulurent se suicider, et
il fallut notre intervention pour les en empêcher. « Mes
« amis, nous dit l'adjudant, c'est encore une déception.
« Mais il ne s'agit pas de croire la France perdue pour
« cela. Au temps de Jeanne d'Arc, notre pays était tombé
« bien plus bas, et ceux qui vivaient à cette époque
« avaient le droit de désespérer ; cependant, nous avons

« repris le dessus. Je parie ma médaille que d'ici à quel-
« ques années, la France se sera relevée. Si nous avons
« été vaincus, ce n'est pas de notre faute, et nous autres
« soldats nous avons le droit de dire que nous avons fait
« notre devoir et tout notre devoir. Si le capitaine était
« là, il vous le dirait mieux que moi. C'est l'organisation
« de l'armée qui était mauvaise, et les effectifs trop fai-
« bles. Les Prussiens ne nous ont battus que parce qu'ils
« étaient cinq contre un. Nous prendrons notre revanche,
« vous pouvez y compter, c'est Beulac qui vous le dit. »

Et, dès lors, on ne parla plus à la chambrée que du
prochain retour en France qui ne pouvait tarder. Le premier traité avait été signé le 26 février. Ce ne fut que le
10 mai qu'il devint définitif par la signature de celui de
Francfort. Pendant tout ce temps-là, notre situation ne
changeait pas. Deux fois par semaine, nous pouvions
aller en ville par escouades de cinq hommes accompa-
gnés d'un soldat allemand. J'avais pu correspondre avec
ma famille, et mes parents m'avaient envoyé un peu d'argent. Mais, ce qui me chagrinait, c'est que, depuis mon
départ pour le 8ᵉ, je n'avais plus de nouvelles de celle
qui me tenait tant au cœur. Je n'avais pas osé interroger
à ce sujet mes parents, et je me demandais quels étaient
les motifs de ce silence inquiétant.

Jusqu'au 21 mai, nous fûmes sur des épines, attendant
avec une impatience bien légitime l'ordre de nous ren-
voyer en France. Quand la nouvelle arriva, la joie fut telle
que je ne puis la peindre. On oublia tous les malheurs,
toutes les souffrances pour ne voir qu'une chose : nous
allions retrouver notre Patrie.

Je ne veux pas détailler le voyage de retour. Tout ce
que je dirai, c'est que le 26 mai, nous étions à Lunéville,

où des officiers français furent chargés de nous recevoir,
de donner des récépissés, et ce qui restait des 5ᵉ, 7ᵉ et 8ᵉ
fut aussitôt expédié à La Fère.

XXIX.

Épilogue

A notre retour à La Fère, je n'ai pas besoin de dire
que je trouvai le régiment bien changé. C'est alors seulement que mes camarades des autres batteries me racon-
tèrent les incidents de la campagne. Pendant que les
5ᵉ, 6ᵉ, 7ᵉ, 8ᵉ, 9ᵉ et 12ᵉ batteries étaient à l'armée du Rhin,
les 3ᵉ, 4ᵉ, 10ᵉ et 11ᵉ étaient attachées aux armées de Châlons et de Sedan. D'autres batteries *bis* du régiment
avaient défendu Soissons, Longwy et Paris ; d'autres
enfin avaient figuré aux armées de la Loire, de l'Est et
de l'Ouest.

Le régiment avait fait en officiers, sous-officiers et
canonniers des pertes sensibles. J'ai dit que le capitaine
Abord, commandant la 5ᵉ, avait été blessé le 16 août et
fait prisonnier. A la même batterie, le lieutenant Varloud
avait été blessé. Blessés aussi à la 8ᵉ, le lieutenant Tournier, le 18 août ; à la 12ᵉ, le sous-lieutenant Coffinet. Le
commandant Heurtevent-Premer, commandant les batteries de la réserve d'artillerie du 4ᵉ corps avait été tué le
18 août. Coupé en deux par un obus le lieutenant Leliè-
vre, de la 6ᵉ. Blessé le 19 août le lieutenant Palle de
la 9ᵉ. Le capitaine Masson, commandant la 9ᵉ, venait
d'être tué pendant la Commune. Des officiers de la 10ᵉ batterie de mitrailleuses, il ne restait plus que les deux sous-

lieutenants. Le capitaine commandant Bornèque, le capitaine en 2ᵉ Geiger et le lieutenant en 1ᵉʳ Mynard avaient été mortellement blessés le 1ᵉʳ septembre, à Sedan.

Mais un régiment ne meurt pas. Le 8ᵉ se reconstitua et quand je terminai mes 5 ans, en 1873, on travaillait courageusement pour profiter des leçons cruelles du passé.

Je revins à Pont-Saint-Vincent. Mes parents avaient vieilli et les épreuves de 1870 abrégèrent leurs jours. Je me suis marié. Vous vous imaginez que c'est avec ma petite voisine, celle qui m'avait dit, lors de mon départ pour le régiment : « Tu peux compter sur moi; je te serai fidèle et je t'attendrai ». Quand je revins au pays, elle avait épousé un tailleur boîteux et laid, mais bien plus riche que moi... J'ai rencontré heureusement une brave fille qui n'avait pas de dot, mais les qualités d'ordre et d'économie qu'avait déjà ma mère. J'ai un fils qui a servi au 8ᵉ, à la 7ᵉ batterie, à Nancy, où le régiment tient garnison après avoir été plusieurs années à Châlons-sur-Marne.

Je me suis informé de ce qu'étaient devenus les officiers que j'avais connus et sous les ordres desquels j'avais servi.

Notre ancien lieutenant-colonel de Montluisant est devenu général de division et grand-officier de la Légion d'Honneur. Il est mort en 1894.

Le commandant Vignotti, nommé lieutenant-colonel en 1874, est mort le 3 décembre 1878.

Le capitaine Oster, nommé chef d'escadron en 1872, est devenu lieutenant-colonel.

Le lieutenant Oehmichen, qui était passé capitaine en 1871, devint lieutenant-colonel et mourut en 1893.

Le lieutenant Samin, qui avait été blessé le 16 août

1870, a été nommé capitaine en 1872 et mis en non-activité pour infirmités temporaires en 1881.

Il y a quelques années, j'ai appris qu'une société des anciens militaires de l'artillerie avait été fondée à Nancy, sous la présidence d'un officier de réserve, le capitaine Larcher. J'ai immédiatement envoyé mon adhésion à cette société, qui se nomme « le Groupe Drouot ». Un jour d'été, les membres du groupe ont été convoqués au quartier du 8ᵉ à Brichambeau, près Nancy, et on leur a montré le matériel d'artillerie à tir rapide actuellement en usage. Un capitaine a même commandé un tir fictif. Ce jour-là, je puis dire que j'ai éprouvé une vive satisfaction et que je me suis senti rassuré pour l'avenir. Quel merveilleux instrument que ce canon de 75 ! Et avec quelle facilité les officiers s'en servent ! Il faut voir les chefs de pièce, les servants, tout le personnel manœuvrer avec une aisance qui démontre la perfection de son instruction.

Alors j'ai pensé à nos pauvres pièces de 4, avec lesquelles nous tenions tête aux Prussiens en 1870 et dont l'infériorité sur celles de l'ennemi était manifeste. Et je me suis dit que l'adjudant Beulac avait raison : la France se relève toujours. Depuis 1870, elle a travaillé sans relâche, et elle peut envisager avec fierté son œuvre. Elle a repris sa place à la tête des nations européennes, et si elle était attaquée, c'est avec la certitude de la victoire que nos fils pourraient courir aux armes pour la défense de la Patrie et de la République.

Décembre 1909.

TABLE DES MATIÈRES